Viver com saúde e bem estar, o mais possível em harmonia com as leis da natureza, está ao nosso alcance. Atingirmos um bom equilíbrio físico e espiritual é alcançarmos, também, uma nova consciência de nós e do que nos rodeia.
Esta colecção tem em vista essa finalidade: estar em forma significa estar em harmonia connosco e com o mundo exterior. Ao abranger áreas tão diversas como, por exemplo, a prática desportiva, a saúde e a dietética, visa proporcionar ao leitor manuais de fácil consulta e uma informação de qualidade.

OBRAS PUBLICADAS

1. WA-DO – OS MOVIMENTOS INSTANTÂNEOS DO BEM-ESTAR, *Tran Vu Chi*
2. MANUAL DE CULTURA FÍSICA, *J. E. Ruffier*
3. O TRATAMENTO DA ASMA, *Dr. Chris Sinclair*
4. A COZINHA SAUDÁVEL, *Anne Barroux*
5. O PODER CURATIVO DOS CRISTAIS, *Magda Palmer*
6. O TRATAMENTO DAS ALERGIAS, *Keith Mumby*
7. ALIMENTAÇÃO RACIONAL BIOLÓGICA PARA SÃOS E DOENTES, *Adriano de Oliveira*
8. VITAMINAS E SAIS MINERAIS, *Charles Picard*
9. O PODER CURATIVO DOS METAIS, *Emilio de Paoli*
10. O PRAZER DE ESTAR EM FORMA, *Henry Czechorowski*
11. COMO EQUILIBRAR O SEU PESO, *Francine Boucher e Robert Pauzé*
12. MÉTODOS NATURAIS PARA REDUZIR O SEU VENTRE, *Jacques Staehle*
13. A SAÚDE E AS MEDICINAS NATURAIS, *Jacques Staehle*
14. SEXO – FONTE DE SAÚDE E PRAZER, *Eva Méndez Chacón*
15. COMO VENCER A CELULITE, *Bruno Massa*
16. O VINHO, *Javier Villahizán Pérez*
17. A DIGESTÃO SAÚDAVEL, *Mara Ramploud e Mara Breno*
18. MAIS VALE PREVENIR DO QUE CURAR, *Gérard Pacaud*

MAIS VALE PREVENIR DO QUE CURAR

Título original:
Mieux vaut prévenir que guérir

© Éditions du Félin

Tradução: Pedro Elói Duarte

Revisão de tradução: Ruy Oliveira

Capa de Jorge Machado-Dias

Depósito Legal n.º 206436/04

ISBN: 972-44-1198-2

Todos os direitos reservados para língua portuguesa
por Edições 70

EDIÇÕES 70, Lda.
Rua Luciano Cordeiro, 123 - 2.º Esq.º – 1069-157 LISBOA / Portugal
Telef.: 213 190 240
Fax: 213 190 249
E-mail: edi.70@mail.telepac.pt

www.edicoes70.pt

Esta obra está protegida pela lei. Não pode ser reproduzida
no todo ou em parte, qualquer que seja o modo utilizado,
incluindo fotocópia e xerocópia, sem prévia autorização do Editor.
Qualquer transgressão à Lei dos Direitos do Autor será passível de
procedimento judicial.

MAIS VALE PREVENIR DO QUE CURAR

Gérard Pacaud

edições 70

A prevenção para um envelhecimento saudável

Nos últimos cem anos, a humanidade assistiu a uma revolução: a longevidade dos habitantes do mundo industrializado aumentou, em média, vinte e cinco anos. Revolução extraordinária, uma vez que este aumento da esperança de vida foi tão grande no período de um século como aquele que decorreu durante os cinco mil anos precedentes! Este fenómeno, em parte biológico, tem consequências sem precedentes na vida social. Isto porque as nossas sociedades ditas desenvolvidas não estão preparadas para acolher um número crescente de idosos que, devido ao envelhecimento e às suas inevitáveis consequências sobre a progressiva degradação das funções dos nossos organismos, serão cada vez mais medicados e assistidos.

Portanto, a prevenção está, mais do que nunca, na ordem do dia, pois só ela pode permitir conservar uma excelente qualidade de vida até a uma idade muito avançada com um custo razoável.

A esperança de vida

Se consideramos apenas a longevidade, os Franceses não estão mal. Segundo os números publicados pelo INSEE [equivalente ao nosso Instituto Nacional de Estatística] relativos ao ano de 2002, uma rapariga que nasça hoje em França pode esperar viver 82,8 anos e um rapaz pode viver 75,6 anos. A medalha de ouro vai para as Francesas, que detêm assim o recorde europeu, enquanto os Franceses ganham apenas a medalha de bronze atrás dos Suecos e dos Italianos.

Este processo não parece ter chegado ao seu fim. Com efeito, calcula-se que, em cada ano, se acrescentam três novos meses à esperança de vida.

Mais vale prevenir do que CURAR

Este prognóstico, que se refere à criança acabada de nascer, deve ser completado pelas estimativas calculadas em várias faixas etárias. Deste modo, para os homens, a esperança de vida é de 36 anos aos 40; 20 anos aos 60; 13 anos aos 70 e 3 anos aos 90. Para as mulheres, a esperança de vida é de 34 anos aos 50; 25 anos aos 60; 16 anos aos 70 e 4 anos aos 90.

Esta dilatação do tempo de vida não se deve apenas aos medicamentos, nomeadamente aos antibióticos, cujo desenvolvimento espectacular na segunda metade do século XX permitiu obter numerosos êxitos no domínio das doenças infecciosas. Deve-se, especialmente, à prevenção natural engendrada por uma melhor higiene de vida, pelos progressos das ciências e das técnicas e pelo melhoramento do nível de vida das populações.

Houve, noutros lugares e durante certos períodos da história, regiões economicamente desenvolvidas em que as populações conheceram semelhante longevidade. Parece ter sido o caso durante os áureos anos da Grécia antiga. Mas estas condições de vida eram casos singulares e a média, para a esperança de vida, oscilou entre os 30 e os 50 anos desde o homem de Neandertal até ao início do século XX.

Actualmente, um em cada três Franceses tem mais de 50 anos, o que representa 20 milhões de pessoas; 10 milhões, ou seja, 16 %, têm mais de 65 anos. Em 2015, 40 % da população francesa estará na faixa etária acima dos 50 anos (25 milhões de pessoas). A faixa etária dos 35/49 anos representa 22 % da população francesa, e a faixa inferior aos 35 anos representa 45 %.

O aumento da longevidade e a baixa natalidade implicam que, a partir de 2010, haverá em França maior número de pessoas com mais de 60 anos do que com menos de 20.

No que respeita às pessoas idosas dependentes – ou seja, que necessitam de cuidados quotidianos e geralmente penosos –, o seu número, em 2020, variará segundo as hipóteses entre 760 000 e 1 200 000. Por último, a quantidade de centenários está em forte crescimento, pois passará dos 8000 no ano 2000 para 18 000 em 2010 e para 21 000 no ano 2020.

Este claro e inexorável envelhecimento da população relacionado com o aumento da longevidade torna, portanto, necessárias e urgentes as medidas de prevenção activa.

_____ A prevenção para um envelhecimento SAUDÁVEL

As doenças de civilização

Se podemos atribuir ao desenvolvimento científico e técnico grande parte da nova longevidade de que beneficiamos, também temos de o responsabilizar, paradoxalmente, pela degradação das condições de vida, principalmente nas pessoas idosas, devido ao que se convencionou chamar «doenças de civilização», entre as quais se deve citar: a obesidade, a diabetes, as doenças cardiovasculares, a artrose, a osteoporose e certos cancros.

Na sua maioria, estas doenças são provocadas por comportamentos de risco: excessos e desequilíbrios alimentares, sedentariedade e consumo de duas drogas terríveis que são o álcool e o tabaco.

A grande esquecida

Os termos «prevenção» e «preventivo» derivam etimologicamente do verbo latino *praevenire*, que significa «chegar antes», de que resulta «adiantar-se, antecipar».

Prevenir é, portanto, utilizar todos os meios possíveis para impedir o aparecimento ou a expressão de uma doença ou retardar o seu desenvolvimento ou as suas complicações. É evidente que se trata de uma acção de bom senso. No entanto, a prevenção é o parente pobre das preocupações. É por isso que os comportamentos de risco acima citados se exprimem livremente e estão na origem de uma mortalidade demasiado grande e de uma morbidez com elevados custos sociais.

Deste modo, no que respeita aos jovens, encontramos um relatório perturbador redigido pelos professores Marcel Tubiana e Maurice Legrain, publicado pela Academia Francesa de Medicina em 2002, em que se pode ler: «Em França, a saúde é boa em geral, mas há grandes disparidades em relação às regiões e aos níveis sócio-profissionais... Os jovens franceses encontram-se entre os que, na União Europeia, fumam mais, consomem mais cannabis, morrem mais devido a acidentes rodoviários, se suicidam mais, utilizam mais soníferos e tranquilizantes, bebem mais, sofrem mais de excesso de peso por insuficiência de exercício físico e são os que apresentam maior incidência de seropositividade ao vírus da sida.»

Os números oficiais em relação às despesas de saúde do ano 2001, publicados no relatório da comissão de contas, mostram que cada Francês despendeu 2437 euros para a sua saúde. Ou seja, 148 mil milhões de euros para toda a população, isto é, 9,5 % do produto nacional bruto francês. É evidente que se trata de uma soma considerável. O relatório divide as despesas em grandes capítulos, entre os quais se encontra, em especial, os tratamentos hospitalares (44,9 %), os cuidados ambulatórios (26,4 %), os medicamentos (21,4 %) e a parte deixada a cargo de cada um (11,1 %) (a soma das percentagens é superior a 100 porque parte dos medicamentos está já incluída nas despesas hospitalares). Uma novidade muito interessante permite atribuir a cada tipo de patologia as despesas que lhe cabem. Deste modo, as doenças do aparelho cardiovascular surgem no topo com 10,7 % das despesas totais de saúde, seguidas por distúrbios mentais (9,4 %), afecções da boca e dos dentes (6,3 %), doenças respiratórias (6,2 %), traumatismos (5,6 %), tumores (5,3 %), doenças geniturinárias (5,2 %).

Apesar do evidente interesse de tal discriminação, ficamos estupefactos por verificar que em nenhum momento são avaliadas as despesas de prevenção! Significará que não existem, ou, mais prosaicamente, que serão tão insignificantes que nem se distinguem do resto?

Ainda mais estranho, enquanto todos os principais medicamentos que tentam tratar as doenças acima discriminadas são comparticipados pela Segurança Social francesa, as vacinas não o são (à excepção da vacina contra a gripe depois dos 65 anos), ao passo que é evidente que, em termos de economia das despesas de saúde, o «rendimento» destas vacinas é muito superior.

Os níveis de prevenção

Segundo a definição da Organização Mundial de Saúde, distingue-se:

- a prevenção primária (exemplo: as vacinas, a promoção do exercício físico), que visa prevenir ou retardar o aparecimento de uma doença de que ainda não se sofre.
- a prevenção secundária, que é uma detecção precoce da doença ou uma prevenção das reincidências (exemplo: a despistagem das doenças). Já se sofre da doença.
- a prevenção terciária, que visa a prevenção das complicações e das recaídas associadas à doença. Comporta a prevenção das

A prevenção para um envelhecimento SAUDÁVEL

complicações iatrogénicas, ou seja, ligadas aos tratamentos utilizados (!) que representam hoje um vasto capítulo.

É claro que não se trata de escolher ou de proceder por etapas sucessivas. O esforço deve realizar-se, ao mesmo tempo, sobre os três níveis que, além disso, se confundirão cada vez mais devido aos progressos da despistagem genética. Deste modo, no caso da diabetes de tipo 2 (cf. p. 119), a acção de despistagem (prevenção secundária) deve ser levada a cabo por um regime preventivo (prevenção primária) se for comprovada a hereditariedade.

O papel determinante da alimentação

A alimentação é, sem qualquer dúvida, a pedra angular de qualquer prevenção bem feita. É por isso que lhe dedicamos um longo capítulo no início desta obra (cf. pp. 19 ss).

Os alimentos que ingerimos constituem, com o ar que respiramos, o nosso potencial de trocas com o meio ambiente. Desta forma, integramos, transformando-a para assegurar as necessidades do nosso desenvolvimento, da nossa sobrevivência e da nossa reprodução, uma parte da natureza em que vivemos. Estes processos que contribuem para nos mantermos vivos não se desenrolam ao acaso, mas segundo esquemas ajustados às exigências do nosso sistema biológico. Sabemos bem que um ser humano não se alimenta com o mesmo nem da mesma maneira que uma toupeira, um peixe ou uma vaca. Isto implica toda uma série de compatibilidades e incompatibilidades de que o homem primitivo teve de tomar consciência muito depressa por simples razões de sobrevivência. Assim, ao contrário dos herbívoros, não podemos digerir a erva porque não possuímos um sistema enzimático capaz de decompor a clorofila.

Estas regras de ajustamento ao ambiente são naturalmente respeitadas pelo mundo animal. Deste modo, os bovídeos nunca são carnívoros e foi necessária a intervenção da loucura humana para os obrigar a comer farinhas de origem animal para corromper este ciclo natural e introduzir o agente da vaca louca provavelmente proveniente do carneiro!

No que respeita aos animais selvagens que se alimentam sem que o homem lhes venha influenciar os hábitos alimentares, verificamos que a regulação se faz espontaneamente. Nunca são obesos. Em contrapartida, o homem obrigou, para seu prazer, os animais domésticos a alterar os hábitos. Criou gansos patológicos com o fígado esteatósico para poder degustar com deleite um órgão doente que ele baptizou como «foie gras». Fez engordar bois nos campos que contêm 22 % de gorduras nos músculos, enquanto o mesmo animal em estado selvagem apresentaria uma concentração de 3 % na época dos nossos distantes antepassados.

Vemos que o homem, graças ao seu cérebro muito desenvolvido, manifesta uma inteligência e uma curiosidade que o levam a transpor as barreiras impostas pela biologia e até mesmo a transgredir as suas regras. Ao contrário do animal, o corpo não impõe as suas leis ao homem. As noções de prazer e de poder levadas ao extremo conduziram-no, portanto, a subverter sem qualquer precaução uma ordem que, decerto, não era imutável, mas que não podia ser subvertida sem provocar efeitos inesperados.

Talvez seja isto que se observa com as doenças ditas de civilização nascidas de um desvio industrial a que o homem não se adaptou.

Durante 300 000 anos, alimentou-se dos frutos que colhia e da caça, sendo esta certamente muito minoritária em relação à colheita de frutos.

A agricultura, ou seja, um início de selecção empírica dos vegetais comestíveis e o seu cultivo controlado, só apareceu há cerca de 5000 anos. Mas a colheita continuou a ser praticada e numerosas espécies vegetais silvestres foram e são ainda introduzidas nas refeições (cf. «O verdadeiro regime cretense», p. 38).

A selecção científica das espécies, a agricultura industrial e a conservação dos alimentos iniciaram-se há cerca de cem anos.

Quando comparamos estes três números, coloca-se uma questão essencial: será que, entretanto, o homem terá mudado de estrutura biológica? Por outras palavras, será o mesmo homem que, hoje, se alimenta de forma tão diferente da dos seus antepassados?

Se a resposta é afirmativa, compreende-se que as grandes mudanças no modo de alimentação tenham podido provocar perturbações na saúde humana.

Para se obter esta resposta, basta interrogar os geneticistas.

De acordo com eles, tendo em conta um tempo de reprodução de 20 a 30 anos para a espécie humana, a deriva genética – ou seja, as transformações surgidas na fisiologia humana por mutação--selecção desde há 300 000 anos – é fraca. Significa que as nossas células, os nossos tecidos e os nossos órgãos funcionam segundo processos muito semelhantes aos dos nossos distantes antepassados.

Por conseguinte, a resposta à questão precedente é inequívoca: sim, o homem de hoje é fisiologicamente o mesmo, mas alimenta-se de forma radicalmente diferente. A nossa alimentação já não corresponde àquilo que o nosso corpo espera. Neste domínio, a prevenção passa por uma verdadeira educação alimentar para que se reencontre um equilíbrio na distribuição dos nutrientes (cf. p. 20), mais próxima da dos nossos distantes antepassados.

Os meios de prevenção

Para se instaurar um sistema de saúde verdadeiramente preventivo, é necessário agir de acordo com sete orientações complementares que implicam grande esforço de comunicação e de pedagogia, a saber: o conhecimento do corpo e da higiene de vida, o conhecimento da alimentação, a composição das ementas, a luta contra o tabagismo, a luta contra o alcoolismo, a aprendizagem dos meios de detecção das doenças e a utilização de diferentes terapêuticas.

O homem possui aqui sete instrumentos de grande eficácia, cuja utilização deve ponderar de acordo com cada um dos grandes sectores da patologia sobre os quais eles são aplicáveis.

Conhecer o próprio corpo

Aprender

Qualquer prevenção coerente necessita de um bom conhecimento da estrutura e do funcionamento do corpo humano. Portanto, é urgente introduzir (ou reintroduzir!) um verdadeiro ensino da anatomia, da fisiologia e das grandes doenças desde a escola primária e continuar este esforço ao longo de todo o ensino secundário. Sabemos bem que os melhores resultados são obtidos se as noções forem adquiridas desde a infância e incessantemente repetidas.

Com efeito, é forçoso verificar a incoerência dos programas escolares franceses nesta matéria. Assim, um aluno do fim do secundário recebe noções de biologia molecular muito interessantes, mas é incapaz de descrever a arquitectura e o funcionamento de uma articulação. Contudo, será exactamente esta articulação que o fará directamente sofrer ou que até o poderá imobilizar se, durante uma sessão de desporto, sofrer um choque violento ou se a utilizar de forma pouco ortodoxa. A biologia molecular não lhe servirá de nada para tratar este problema, ao passo que algumas noções simples de fisiologia permitir-lhe-iam compreender melhor por que razão é urgente colocar a articulação em repouso, utilizar eventualmente uma ligadura adaptada, e poder dialogar eficazmente com o médico.

Do mesmo modo, uma criança nascida numa família em que os pais são obesos ou diabéticos pode compreender melhor a importância do regime que o médico lhe prescreve se o funcionamento do seu corpo lhe for explicado e se alguns riscos lhe forem apresentados (evitando qualquer dramatização).

É muitas vezes aflitivo verificar, numa consulta médica, a ignorância dos pacientes, adultos, em relação ao próprio corpo. Isto torna difícil a comunicação, e se o médico não tiver a possibilidade ou a paciência, ou recusar dedicar o tempo necessário a uma explicação completa, depressa se chega a um diálogo de surdos. Em medicina, quer seja preventiva ou curativa, não se deve impor, mas convencer. Isto só é possível se formos compreendidos.

Para os adultos, seria decerto vantajoso colocar-lhes à disposição uma documentação na forma de brochuras simples e claras e propor cursos de formação. Com efeito, há cursos de socorrismo para aprender as acções de primeira necessidade em caso de acidente, e não se percebe por que razão não há cursos para aprender o funcionamento de um corpo que nos é indispensável no dia-a-dia. Não há dúvida de que tal iniciativa acolheria numerosos adeptos e teria, a prazo, efeitos muito positivos sobre a prevenção.

Utilizar o corpo

O homem é um ser de movimento. Podemos mostrar que toda a sua arquitectura muscular o leva a andar, a deslocar-se, a saltar e a correr. Durante centenas de milhares de anos, o homem foi nómada. Esta necessidade de movimento está inscrita nos seus genes. Para ele, portanto, a sedentariedade é o pior sistema de vida e é, em parte, responsável pelas grandes doenças de civilização que desenvolveremos mais à frente.

O advento da era da máquina, em geral, e do automóvel, em particular, reduziu consideravelmente a sua actividade física, e não é

Os meios de PREVENÇÃO

por acaso que as grandes doenças como a obesidade, a diabetes e as doenças cardiovasculares são muito desenvolvidas nos países industrializados e começam a tornar-se muito mais frequentes de forma inquietante nos países em vias de desenvolvimento.

Por muito paradoxal que pareça, é urgente recomendar ao homem que reencontre esta actividade de base que é o caminhar. Numerosos recentes estudos epidemiológicos demonstraram bem os grandes benefícios, tanto preventivos quanto curativos, que se pode obter simplesmente caminhando uma hora por dia. Além da perda de peso nos indivíduos que o têm em excesso, observa-se a diminuição ou o regresso ao normal dos parâmetros sanguíneos, como a glicemia, o colesterol ou os triglicéridos.

Igualmente, o *New England Journal of Medicine* publicou, em Novembro de 2002, os resultados de um estudo aleatório (duplamente ao acaso) que demonstra que o exercício físico, sem se acompanhar de uma perda de peso, pode produzir importantes efeitos benéficos sobre o perfil das lipoproteínas (corpos gordos) que circulam no sangue. Estas observações são tanto mais interessantes já que confirmam que a quantidade de horas passadas em exercício é mais importante do que a intensidade do exercício.

As actividades desportivas fora de competição, a jardinagem e a *bricolage*, também são vivamente recomendadas para contrabalançar a inércia física geralmente imposta por um trabalho de escritório.

O ciclismo e a natação são muito eficazes e acessíveis por preços módicos. Se estas actividades não puderem ser realizadas ao ar livre, os ginásios e as piscinas ou até os aparelhos de ginástica em casa permitem que os citadinos «desenferrujem» os músculos e as articulações e estimulem todos os seus metabolismos.

Conhecer a alimentação

Como qualquer ser vivo, o homem biológico troca com o seu meio ambiente ar, água e alimentos dos quais retira os materiais necessários ao seu crescimento, reprodução, auto-reparação e produção de energia. Ele assegura assim todas as grandes funções que lhe permitem, em primeiro lugar, sobreviver e, depois, viver exprimindo-se.

Contrariamente às plantas, o homem é incapaz de utilizar directamente a energia que lhe chega do Sol. Por isso, vai buscar esta energia aos alimentos de origem vegetal ou animal que ingere diariamente.

Estes alimentos fornecem-lhe todos os «materiais» necessários para o crescimento do seu corpo durante os primeiros vinte anos de vida e para a sua manutenção até à morte. As necessidades são de ordem estrutural, energética e catalítica.

A água

A água constitui cerca de 70 % do nosso organismo. Por isso, é essencial para a nossa sobrevivência e é impossível passar mais de três ou quatro dias de jejum sem a absorver. Evidentemente, todos os nossos alimentos também contêm grande quantidade de água, principalmente os frutos e os legumes verdes. Portanto, podemos viver comendo e bebendo muito pouco. No entanto, é recomendado beber todos os dias pelo menos dois litros de líquidos na forma de água pura, essencialmente, e de tisanas (chás ou infusões) ou sumos de fruta.

Os nutrientes

Designa-se por nutrientes os compostos elementares dos alimentos.

Tradicionalmente, dividem-se em três grupos: os glícidos, os lípidos e as proteínas. A maioria dos nossos alimentos contém representantes destas três categorias que serão separados (metabolizados) pelas enzimas digestivas no estômago e no intestino delgado.

Os glícidos também são designados por hidratos de carbono ou açúcares. Podem ser simples, compostos ou complexos conforme a dimensão e a estrutura da molécula.

O açúcar mais importante para a célula humana é a *glicose* que lhe serve de carburante universal. No entanto, está quase ausente da alimentação. Por isso, o corpo tem de transformar incessantemente outras moléculas de açúcares, lípidos ou proteínas em glicose para satisfazer as suas necessidades energéticas.

As grandes moléculas que representam reservatórios de glicose são o amido nos vegetais e o glicogénio nos animais e no homem.

Um grama de glícidos liberta 4 quilocalorias de energia.

Os açúcares em excesso são armazenados, em parte, no fígado na forma de glicogénio que pode ser transformado em glicose em caso de necessidade energética e, em parte, em gorduras nos diferentes compartimentos do corpo.

Os meios de PREVENÇÃO

A reserva hepática de glicogénio representa apenas vinte e quatro horas de autonomia energética. Significa que, após vinte e quatro horas de jejum em glícidos, o organismo é obrigado a transformar lípidos ou proteínas para assegurar as suas necessidades. Esta particularidade fisiológica foi explorada nos regimes de emagrecimento à base de proteínas: suprime-se todo o fornecimento de açúcares e ingere-se pelo menos 15 gramas diários de proteínas, o que obriga o corpo a ir buscar energia à sua reserva de gordura.

As proteínas podem ter dimensões muito diferentes, mas são sempre constituídas por uma longa cadeia de moléculas elementares chamadas aminoácidos, de que há apenas cerca de vinte tipos. Oito destes aminoácidos designados por «essenciais» não podem ser fabricados pelo organismo e, portanto, têm de ser fornecidos imperativamente pela alimentação.

As proteínas constituem, por um lado, a estrutura do organismo, como os músculos dos membros, o tecido colagénio, a trama dos ossos, o músculo cardíaco e parte importante dos órgãos; por outro, os múltiplos sistemas enzimáticos presentes em cada célula para assegurar todas as reacções bioquímicas que aí se produzem em cada segundo.

Encontramo-las em forte concentração nas carnes, peixes, ovos, lacticínios, em especial nos queijos; mas alguns vegetais também fornecem bastantes proteínas, principalmente as leguminosas como os feijões secos, ervilhas, lentilhas, soja, massas, frutos secos como as amêndoas ou as avelãs e os cereais integrais.

Durante a digestão, estas proteínas são decompostas nas suas moléculas elementares, os aminoácidos que serão reutilizados pela célula para fabricar outras proteínas.

Por fim, deve observar-se que são as únicas que fornecem azoto, e que um grama de proteína liberta 4 quilocalorias de energia.

Contrariamente aos açúcares e às gorduras, não há reserva de proteínas no organismo.

Os músculos consomem uma parte muito importante das proteínas, mas não podem ser considerados reservatórios porque são indispensáveis à actividade motora. A alimentação deve, por isso, fornecer-lhes imperativamente proteínas, com o risco, em caso de carência, de ver a massa muscular fundir rapidamente e os órgãos manifestar graves perturbações.

À família dos lípidos pertencem todos os corpos gordos, óleos e gorduras. A maioria das suas moléculas, geralmente complexas, é feita de compostos mais simples chamados triglicéridos, eles próprios formados por um glicerol e três ácidos gordos.

O colesterol, de estrutura particular, participa com os outros corpos gordos na arquitectura de todas as membranas da célula, locais de trocas e de passagem.

O cérebro é particularmente rico em lípidos complexos.

A natureza dos ácidos gordos tem uma importância fundamental para a alimentação humana.

Distingue-se:

– **Os ácidos gordos saturados.** Trata-se de moléculas muito estáveis graças à sua estrutura química (é daí que retiram o nome). Dificilmente se podem ligar a outras moléculas, mas favorecem o engorduramento das artérias pelo colesterol em excesso. Estão presentes em forte concentração nas carnes, charcutaria, ovos, lacticínios e queijos.

Quanto maior for a presença de ácidos gordos saturados num corpo gordo, mais sólido será este.

– **Os ácidos gordos insaturados.** Ao contrário das anteriores, estas moléculas são instáveis e podem facilmente ligar-se ou ser alvo dos radicais livres (cf. p. 174). Encontram-se sobretudo nos óleos vegetais e nos peixes gordos (todos os peixes de pele azulada: sardinha, anchova, atum, cavala, salmão, enguia, que contêm 10 % do seu peso em lípidos).

Quanto maior for a presença de ácidos gordos insaturados num corpo gordo, mais líquido será este.

Este grupo subdivide-se em dois subgrupos:

– **Os mono-insaturados.** O seu tipo é o ácido oleico contido em grande quantidade no azeite (cf. «O regime mediterrânico», p. 37).

– **Os poli-insaturados.** Os seus tipos são os ácidos linoleico e linolénico que, com o ácido araquídico, são considerados essenciais porque, como o organismo não os sabe produzir, devem imperativamente ser encontrados na alimentação. Os célebres trabalhos do doutor Kousmine (na Suíça) foram dedicados, nos anos 60, aos ácidos gordos para demonstrar o seu carácter essencial.

Todos estes ácidos gordos insaturados contribuem para proteger o sistema cardiovascular, especialmente contra o excesso de colesterol.

Os meios de PREVENÇÃO

Note-se que um grama de lípidos liberta 9 quilocalorias de energia.

Os lípidos são armazenados em numerosos compartimentos do corpo: sob a pele, em redor das vísceras abdominais e à volta dos músculos.

Importa lembrar que os glícidos (açúcares) absorvidos em excesso são imediatamente transformados em lípidos e armazenados.

A reserva normal de gorduras contidas no corpo varia entre 15 a 25 % no homem e 20 a 30 % na mulher. Para além destes valores, há o risco de doenças cardiovasculares e de cancros.

Os micronutrientes

Além dos três anteriores grupos de nutrientes, há muito conhecidos, a alimentação fornece também, em pequenas quantidades, elementos que não são nem directamente energéticos, nem constitutivos dos órgãos. Trata-se de minerais, oligo-elementos, vitaminas e fitomicro-nutrientes que participam nos milhões de reacções bioquímicas que se produzem em cada segundo em todas as células do corpo, principalmente enquanto catalisadores ou como antioxidantes.

Como catalisadores, permitem que as reacções muito complexas do metabolismo celular se produzam à temperatura normal do corpo (37°).

Como antioxidantes, servem de reguladores da actividade dos radicais livres (cf. pp. 174 ss.)

Muito menos conhecidos do que os três nutrientes de base por se encontrarem em quantidades muito baixas e por serem menos facilmente observáveis, são actualmente alvo da atenção de numerosos laboratórios de investigação. As suas propriedades serão, portanto, sucintamente expostas.

Os minerais e os oligo-elementos

Para se compreender bem o que são minerais e oligo-elementos é necessário fazer um breve resumo sobre a composição elementar da matéria viva ainda designada por matéria orgânica. Esta é constituída por elementos (ou átomos) que são os mesmos que formam o mundo mineral. Estes átomos constitutivos do mundo, por definição, não podem ser fabricados pelo corpo humano. O corpo recebe-os durante a vida, a partir do exterior, e restitui-os, após a morte, ao seu ambiente. Este facto ilustra bem o grande princípio hoje validado pela física e pela biologia, mas já bem compreendido pelos filósofos da Grécia antiga: «nada se perde, nada se cria, tudo se transforma.»

Se compararmos os cristais e as moléculas do mundo mineral e do mundo vivo, verificamos que apenas diferem as proporções e as disposições dos elementos.

Deste modo, só 11 elementos representam 99,5 % da massa da matéria viva, pelo menos no homem, nos mamíferos, nas aves, nos peixes e nos vegetais superiores. Trata-se, por um lado, de quatro elementos — o oxigénio, o carbono, o hidro-génio e o azoto — que, por si só, totalizam 96,6 %, e, por outro, o cálcio, o fósforo, o sódio, o potássio, o cloro, o enxofre e o magnésio que apenas participam com 30,39 %.

Todos os outros elementos, chamados elementos-traço ou oligo--elementos, constituem apenas 0,01 % do peso total do corpo.

Oxigénio, hidrogénio, carbono e azoto são os quatro elementos fundamentais. São-nos fornecidos pelos alimentos (açúcares, lípidos e proteínas) e, em relação ao oxigénio, pelo ar que respiramos. São os tijolos de base que constituem a estrutura de todas as moléculas dos nossos tecidos, logo dos nossos órgãos. O oxigénio, além disso, é indispensável para as reacções de oxidação das quais retiramos a nossa energia.

Os minerais, frequentemente chamados macro-elementos devido à relativa importância do seu peso em relação aos oligo-elementos — o cálcio, fósforo, sódio, potássio, cloro, enxofre e o magnésio, — são igualmente fornecidos pelos alimentos.

Desempenham papéis estruturais mas também metabólicos. Deste modo, o cálcio é, em simultâneo, o constituinte principal dos ossos e um agente fundamental da vida celular para onde transmite as mensagens vindas do exterior; o magnésio, também constituinte dos ossos, participa activamente no armazenamento e na utilização da energia; o sódio, o potássio e o cloro são os guardiães do equilíbrio electrolítico dos nossos tecidos e conservam, portanto, a estrutura das células; o fósforo entra na composição dos ácidos nucleicos (ADN e ARN), suportes da nossa hereditariedade, mas também é indispensável para a síntese da adenosina trifosfato (ATP) que constitui a nossa reserva de energia imediatamente disponível; o enxofre entra

_____ Os meios de PREVENÇÃO

na composição de certos aminoácidos que conferem propriedades metabólicas particulares às proteínas.

Os oligo-elementos constituem os outros elementos de origem alimentar. Apesar da sua fraca representação (0,01 % do peso total do corpo), têm um papel relevante, por vezes indispensável, na manutenção da vida.

Os que são considerados essenciais desempenham um papel de catalisador em determinadas reacções bioquímicas. Significa que colaboram para o bom funcionamento das enzimas que asseguram essas reacções.

A necessidade, para todos os seres vivos, da catálise enzimática é uma noção adquirida. Permite que as reacções extremamente complexas que se desenrolam em cada micro-segundo em todas as nossas células se produzam rapidamente à baixa temperatura de 37°.

Esta catálise requer moléculas proteicas específicas designadas por «enzimas», que são instrumentos capazes de colocar em relação de forma muito próxima, muito íntima, duas espécies moleculares para que reajam mutuamente.

Os oligo-elementos (e certas vitaminas) vêm posicionar-se sobre a enzima de modo a que esta adquira a estrutura adequada para realizar a sua tarefa. Agem então como uma ajuda indispensável, portanto como «co-enzima» («co» no sentido de «com»).

As enzimas, tal como as co-enzimas, não são «consumidas» nas reacções bioquímicas; significa que não são transformadas e, portanto, são reutilizáveis para outra reacção idêntica. Isto explica a muito pequena quantidade de oligo-elementos no corpo, que, contudo, desempenha um papel de pedra angular no imenso edifício da vida.

A título de exemplo, o corpo humano contém apenas 5 mg de molibdeno, metal raro e pouco conhecido, que é absolutamente indispensável ao metabolismo do ADN, ácido nucleico constitutivo do nosso património genético.

Os oligo-elementos essenciais são os seguintes: ferro, cobre, manganésio, selénio, zinco, iodo e cobalto.

Aqueles cujo modo de acção exacto ainda não está completamente esclarecido, mas que são úteis para os metabolismos são: o crómio, o estanho, o flúor, o níquel, o silício e o vanádio.

Todos os outros elementos da tabela de Mendeleiv, que regista a totalidade dos elementos existentes no mundo, estão presentes nos seres vivos. O papel destes elementos continua desconhecido, mas é pouco plausível, porém, que estejam ali apenas de passagem, como se os organismos humanos ou animais fossem apenas «caixotes do lixo» em que se acumulasse, indiscriminadamente, uma gama heteróclita de produtos. É mais provável que ainda haja muitas surpresas neste domínio de acesso tão difícil devido às minúsculas quantidades em jogo.

Os oligo-elementos transpõem a barreira intestinal com os nutrientes oriundos da digestão e encontram-se no sangue circulatório onde são levados por proteínas especializadas no transporte. Para cada um deles há um controlo das entradas e das saídas que assegura a manutenção de concentrações estáveis nos diferentes tecidos e órgãos. A sua distribuição em cada célula e em cada sistema enzimático, segundo as necessidades, no momento certo, continua a ser um enigma para a biologia.

Os oligo-elementos participam em todos os metabolismos da célula, pois parece que todas as reacções bioquímicas estão sob controlo de uma enzima e da sua ou suas co-enzimas (ver p. 25). Deste modo, foi possível identificar o manganésio como coenzima em mais de duzentas reacções diferentes.

As vitaminas

As vitaminas são moléculas orgânicas sem valor energético, indispensáveis em quantidades muito reduzidas, à semelhança dos oligo-elementos, para o bom funcionamento das reacções bioquímicas do metabolismo celular. Tal como os oligo-elementos, as vitaminas funcionam como co-catalizadores enzimáticos. De acordo com a sua afinidade em relação às gorduras ou à água, dividem-se em dois grupos.

As vitaminas lipossolúveis são quatro: a vitamina A, a vitamina E, a vitamina D e a vitamina K. O metabolismo destas vitaminas é comparável ao dos lípidos. Circulam no sangue ligadas a proteínas.

A vitamina A exerce os seus efeitos biológicos sobre a visão, sobre a proliferação e a diferenciação celular e sobre a regulação da expressão do genoma.

Os meios de PREVENÇÃO

A vitamina E desempenha um papel de antioxidante, portanto, de protecção relativamente aos radicais livres, o que produz efeitos benéficos sobre a resposta imunitária e para lutar contra a cancerogénese.

A vitamina D é conhecida pelos efeitos da sua carência, verificados desde a Antiguidade, e pela sua consequência: o raquitismo. Por isso, é responsável pela boa mineralização dos ossos. Recentemente atribui-se-lhe um papel na regulação da expressão do genoma à semelhança da vitamina A.

A primeira função da vitamina K é a sua intervenção no processo de coagulação. Mas também tem um papel importante no metabolismo ósseo.

As vitaminas hidrossolúveis são nove. São solúveis em todos os compartimentos aquosos do organismo. Agrupam: a vitamina B1 ou tiamina, a vitamina B2 ou riboflavina, a vitamina B3 ou niacina ou vitamina PP, a vitamina B5 ou ácido pantoténico, a vitamina B6 ou piridoxina, a vitamina B8 ou biotina ou vitamina H ou coenzima R, a vitamina B9 ou ácido fólico, a vitamina B12 ou cobalamina, a vitamina C ou ácido ascórbico. Todas estas vitaminas intervêm em centenas de reacções a todos os níveis do metabolismo celular.

- *A vitamina B1* ou tiamina: o seu papel no metabolismo dos açúcares, no metabolismo do álcool e como neurotransmissor é essencial.
- *A vitamina B2* ou riboflavina: intervém em mais de uma centena de reacções de oxidação-redução, na transformação dos ácidos gordos dos aminoácidos, das bases púricas, e na cadeia respiratória.
- *A vitamina B3* ou niacina ou vitamina PP: participa no transporte de electrões na cadeia respiratória.
- *A vitamina B5* ou ácido pantoténico: é indispensável ao metabolismo dos glícidos, dos aminoácidos, dos ácidos gordos e dos esteróis.
- *A vitamina B6* ou piridoxina: participa no metabolismo dos aminoácidos e na síntese da niacina (vitamina B3).
- *A vitamina B8* ou biotina, ou vitamina H, ou co-enzima R: desempenha um papel central em certas doenças causadas por um défice de enzimas-chave, os cocarboxilases.
- *A vitamina B9* ou ácido fólico: participa no metabolismo dos aminoácidos e dos ácidos nucleicos.

- *A vitamina B12* ou cobalamina: intervém em reacções de transferência de hidrogénio.
- *A vitamina C* ou ácido ascórbico: intervém nas reacções de oxidação-redução e como caçador de radicais livres.

Os fitomicronutrientes

Como o nome indica, estão presentes nos produtos vegetais, frutos, legumes e plantas silvestres. Recentemente descobertos, são ainda pouco conhecidos, mas a sua provável implicação em mecanismos de protecção dos cancros estimula fortemente a investigação.

Fazem parte de um conjunto heterogéneo de moléculas muito complexas em que se distingue:

Os polifenóis

Desde há dez anos, numerosos estudos destacaram a sua implicação na prevenção de doenças degenerativas como os cancros, problemas cardiovasculares, osteoporose e doenças inflamatórias. As suas propriedades antioxidantes poderão estar na origem dessas acções.

Os polifenóis são os antioxidantes mais abundantes nos alimentos. Um ser humano consome cerca de um grama desta substância por dia, ou seja, dez vezes mais do que vitamina C e cem vezes mais do que vitamina E ou carotinóides.

Quatro classes destes produtos foram identificadas na alimentação humana. Os dois principais são os *ácidos fenólicos* e os *flavonóides*; os outros dois, menos abundantes, mas igualmente prometedores, são as *ligninas* e os *estilbenos*.

A diversidade de estruturas e a distribuição muito heterogénea nos alimentos fazem dos polifenóis produtos muito difíceis de referenciar e quantificar. Os numerosos resultados dos estudos que lhes são consagrados dão números muito variáveis segundo os autores. Com o aperfeiçoamento dos métodos de análise, as coisas clarificar-se-ão nos próximos anos.

Deve notar-se que todos os vegetais, legumes, frutos, raízes e os líquidos derivados como o vinho, o chá e o café apresentam grandes quantidades destes produtos.

Os meios de PREVENÇÃO

Os carotinóides

São, a par das clorofilas e das antocianinas, os pigmentos mais abundantes na natureza. Só as plantas, certas bactérias e alguns cogumelos são capazes de os sintetizar.

Podem ser referenciados em todos os órgãos dos vegetais: folhas (espinafre, alface, couve, salsa), raízes ou tubérculos (cenoura, batata--doce), grãos (milho), frutos (tomate, melancia, melão, pimento, damasco, manga, goiaba).

Mais de 600 moléculas diferentes de carotinóides já foram identificadas, mas só cerca de quarenta se encontram regularmente na alimentação humana.

Grande parte destas moléculas são potenciais fornecedores da vitamina A que desempenha um papel importante enquanto antioxidante. Os carotinóides fazem então parte dos micro-nutrientes que participam nas defesas do organismo contra os radicais livres. Têm também a capacidade de restabelecer as comunicações intercelulares ao estimular a síntese de proteínas específicas como as conexinas.

No domínio clínico, numerosas pesquisas epidemiológicas atribuem-lhes um papel positivo na protecção de certos cancros, doenças cardiovasculares e certas doenças oculares (catarata e degenerescência macular ligada à idade).

Os glucosinolatos

Estas moléculas, particularmente abundantes nas crucíferas (couve, couve-de-bruxelas, nabo, brócolos, rabanete, mostarda), são rapidamente transformadas pela preparação culinária ou pela mastigação em isotiocionato e outros produtos que poderão ter uma acção determinante para impedir a cancerização das células, principalmente ao nível do cólon.

Os compostos enxofrados

O alho, as cebolas, os alhos-porros e as chalotas da família dos aliáceos contêm uma vasta gama de compostos enxofrados que são transformados em numerosos produtos após a decomposição dos tecidos vegetais. No alho, o produto mais conhecido é a alicina cujos derivados têm uma acção anti-bacteriana bem identificada contra a *Helicobacter pylori*, bactéria responsável pela úlcera do estômago. Estas são igualmente capazes de inibir a reacção de transformação dos nitratos em nitritos que resultam em substâncias cancerígenas.

Atribui-se-lhes, portanto, um efeito protector relativamente ao cancro do estômago.

Os fitoesteróis

Estão presentes nos frutos e legumes, mas também nos cereais integrais e nos óleos vegetais. A porção alimentar habitual contém entre 150 e 450 mg destes produtos. A sua absorção intestinal é reduzida, da ordem de 1 a 10 % do que é ingerido, mas a sua presença diminui a colesterolemia ao inibir a absorção do colesterol alimentar.

Margarinas enriquecidas em fitoesteróis foram comercializadas na Finlândia e em França que anunciavam o efeito hipocolesterolemiante.

As fibras

As fibras são, em primeiro lugar, por definição, constituintes vegetais que escapam à digestão no intestino delgado no homem saudável. Trata-se, essencialmente, de açúcares complexos que constituem as paredes das células vegetais (celulose, pectina, lignina) ou algumas das suas reservas (goma, mucilagem, amidos resistentes) e são, portanto, ingeridos juntamente com os alimentos.

Actualmente, são classificados nesta família outros compostos vegetais como os taninos, as cutinas, os polifenóis, ou não vegetais como os oligossacáridos de síntese ou os polissacáridos de origem bacteriana.

São mais ou menos solúveis na água, mas normalmente têm a propriedade de inchar na sua presença e de aumentar a viscosidade do meio em que se encontram.

Todas estas substâncias têm em comum o facto de resistirem à digestão no intestino delgado. No entanto, sofrem uma digestão parcial ou total no cólon graças às bactérias da flora cólica.

As fibras desempenham um papel muito importante.

Em grande quantidade, as fibras solúveis abrandam o esvaziamento gástrico e prolongam o trânsito no intestino delgado.

Abrandam sobretudo a digestão dos amidos e a absorção da glicose, mas também, a um grau menor, das gorduras e das proteínas. Algumas destas fibras adsorvem os ácidos biliares e o colesterol e reduzem a sua absorção.

As fibras aumentam a expulsão de quase todos os constituintes dos excrementos: nutrientes e minerais. Relativamente a este últimos, o aumento do seu débito fecal é geralmente contrabalançado pela sua quantidade contida nas fibras.

As fibras reduzem a velocidade de digestão e de absorção dos açúcares. Esta propriedade é importante para a prevenção e tratamento da diabetes (cf. pp. 119 ss.).

Um regime rico em fibras reduz a taxa sanguínea do colesterol e principalmente a sua fracção LDL (lipoproteínas de baixa densidade), cujo excesso no sangue circulatório é considerado perigoso.

Probióticos e prebióticos

São duas categorias de nutrientes, conhecidos e utilizados recentemente, que permitem conservar ou restaurar um bom equilíbrio da flora intestinal e das funções imunitárias do tubo digestivo (cf. pp. 142 e 143).

Os probióticos são complementos alimentares microbianos vivos e foram identificados na flora intestinal saudável. Sabemos hoje cultivá-los e condicioná-los para que possam ser ingeridos como um alimento. Exercem então uma acção benéfica sobre o funcionamento do intestino.

Os prebióticos são ingredientes alimentares não digeríveis que exercem uma acção benéfica sobre a saúde ao estimular de forma específica o crescimento e a actividade metabólica de um ou de um número limitado de organismos bacterianos do intestino e principalmente dos probióticos.

Estes dois produtos são, portanto, complementares e estreitamente solidários na sua acção. São frequentemente apresentados juntos no mesmo recipiente numa mistura chamada «simbiótica» que favorece a sobrevivência e a implantação de organismos probióticos ao mesmo tempo que estimula a multiplicação de organismos naturais.

A maioria dos probióticos comercializados são constituídos por princípios activos de lactobacilos e de bifidobactérias que apresentam os seguintes efeitos positivos: inibição do crescimento de bactérias patogénicas, diminuição da taxa de colesterol sanguíneo, estimulação da resposta imunitária, efeito anticancerígeno, restauração de uma flora normal após perturbação, principalmente após um tratamento antibiótico. Contudo, estes organismos não se implantam no intestino em que a sua sobrevivência varia de dois a vinte dias. Por isso, é necessário voltar a ingeri-los regularmente.

Os prebióticos mais utilizados são os fruto-oligossacáridos (FOS) dos vegetais.

Estes produtos, fabricados pela indústria alimentar e distribuídos em todas as lojas, contribuem para estimular e equilibrar as defesas imunitárias intestinais, portanto, para dotar o corpo de meios mais vigilantes e eficazes para lutar contra as infecções e doenças degenerativas.

Calorias, variedade, complexidade e segurança

A alimentação quotidiana do homem deve ser a mais variada possível e fornecer diariamente água, as três famílias de nutrientes (proteínas, lípidos e glícidos), fibras e micronutrientes.

No plano energético, o ser humano necessita diariamente de uma determinada quantidade de calorias que podemos dividir em três partes:

- uma parte designada por «metabolismo de base» que representa a energia mínima necessária ao bom funcionamento de todos os nossos órgãos e que consome habitualmente 60 a 70 % do fornecimento diário de energia;
- uma parte ligada à digestão e à utilização dos nutrientes que absorve cerca de 10 % da energia;
- uma parte que corresponde à actividade física que é eminentemente variável e que relativiza, portanto, as percentagens anteriores.

Por conseguinte, as quantidades calóricas quotidianas que se deve consumir são apenas médias que correspondem às diferenças de actividade física e às diferenças etárias:

- para um homem adulto: 2400 a 3400 quilocalorias;
- para uma mulher adulta: 1900 a 2600 quilocalorias

Uma ração alimentar bem equilibrada deve incluir:

- 55 % de glícidos,
- 13 % de proteínas,
- 32 % de lípidos.

Os meios de PREVENÇÃO

Por conseguinte, é necessário que haja um esforço para alterar os hábitos alimentares quando se sabe que a maioria das pessoas dispõe de uma ração repartida em 45 % de glícidos, 15 % de proteínas e... 40 % de lípidos.

Esta última categoria (os lípidos) deve ser, portanto, objecto de especial atenção no plano quantitativo, mas também no plano qualitativo, uma vez que os seus efeitos sobre o organismo variam com a sua estrutura (cf. p. 22).

Os ácidos gordos saturados que estão presentes, sobretudo, nos produtos de origem animal (carne de vaca, carneiro, vitelo, lacticínios, queijos) não devem representar mais do que 25 % da ração lipídica total.

O consumo de fibras deveria rondar entre 30 a 40 gramas por dia e o consumo quotidiano de micronutrientes e fito-nutrientes é conhecido e avaliado.

Uma alimentação muito variada de tipo mediterrânico (cf. p. 37) é normalmente suficiente para equilibrar o fornecimento destes produtos.

Actualmente, nos países industrializados, os alimentos já não provêm nem das plantas silvestres (cf. «O verdadeiro regime cretense», p. 38), nem directamente da horta. Até os próprios agricultores compram os ovos e os frangos no supermercado.

No período de um século, a agricultura tornou-se industrial para fazer face ao rápido crescimento da população mundial. Daí resultou uma selecção drástica das espécies consideradas óptimas pelo seu rendimento e a utilização de adubos e pesticidas químicos para aumentar a produção.

Por isso, encontramos, frequentemente, apenas cinco ou seis espécies de maçãs no mercado, ao passo que elas são mais de cinquenta! As que se encontram são bonitas, de boas cores, apetitosas, mas não têm gosto e não são forçosamente as melhores para a saúde. Do mesmo modo, a comparação das nossas vacas de criação com os auroques selvagens dos nossos distantes antepassados não deixa de causar perplexidade. Foi possível calcular que a massa de gordura destes não ultrapassava 3 % do peso do corpo, enquanto a das vacas actuais é de 22 % em relação a um entrecosto! Além disso, como se trata de gorduras saturadas que são as mais nocivas, podemos realmente perguntar-nos se a humanidade não terá um gosto pelo risco.

No entanto, a qualidade dos alimentos é assegurada por equipas muito competentes, e os controlos exercidos sobre os nossos alimentos são notáveis no rigor e na eficácia, principalmente no plano bacteriológico.

Talvez até sejam por vezes excessivos, sobretudo quando envolvem os meios de comunicação social, ávidos de caixas jornalísticas, em assuntos que mereciam maior discrição, visto o descrédito que pode então abater-se sobre certas empresas, quando, afinal, a informação divulgada é apenas parcial e muitas vezes facciosa. O melhor exemplo é o das listérias, bactérias presentes por vezes em certos queijos de cabra. Todos os anos, de forma recorrente, o tema preenche a primeira página de alguns jornais, mesmo quando a responsabilidade dos fabricantes não foi determinada e o número de pessoas contaminadas se conta por poucas unidades.

No entanto, apesar desta «segurança alimentar», deve observar-se, como dissemos atrás, que numerosas doenças muito graves se desenvolvem a um ritmo acelerado: a obesidade, a diabetes e as doenças cardiovasculares são as principais.

Com efeito, nesta fuga para a frente para produzir e ganhar sempre mais, o homem negligenciou o essencial: o aspecto qualitativo da sua alimentação!

Segundo o professor Christian Rémésy (do Instituto Francês de Investigação Agronómica em Theix), todos os especialistas de nutrição concordam em denunciar a ausência de regras exactas sobre a preservação da complexidade dos alimentos e sobre a manutenção de uma suficiente densidade nutricional. Não há qualquer entrave regulamentar a respeito de uma utilização que se tornou excessiva de ingredientes purificados (açúcares brancos, matérias gordas purificadas, farinhas muito refinadas) que servem de base à produção de grande número de produtos alimentares e bebidas. Paradoxalmente, a legislação esteve sempre muito atenta às consequências dos suplementos em elementos diversos (minerais, vitaminas). Portanto, é lamentável que a mesma vigilância não tenha sido dada às consequências das transformações alimentares que diminuem a densidade nutricional dos produtos e sobrecarregam a nossa alimentação com «calorias vazias» (ou seja, «livres» de micro-nutrientes!).

Como uma das primeiras fontes de «calorias vazias» é representada pelos glícidos, é essencial que se dê atenção à qualidade dos

_____ Os meios de PREVENÇÃO

produtos cerealíferos de modo a que forneçam uma quantidade suficiente de proteínas, fibras, minerais e micronutrientes. Devem, portanto, ser consumidos na forma mais integral possível (pão integral, por exemplo), uma vez que os produtos refinados como o pão alvo, as massas alimentícias e o arroz descascado perderam três quartos dos seus micronutrientes. O consumo de outros feculentos (batatas, legumes secos, como os feijões, ervilhas e lentilhas) deve ser encorajado tanto mais que a sua composição é complementar da dos cereais.

O interesse dos frutos e legumes assenta na qualidade da sua fracção não energética (fibras, minerais, micronutrientes), o que explica o seu importante papel na prevenção de numerosas patologias.

No plano energético, os vegetais deveriam cobrir pelo menos 60 % das nossas necessidades com uma distribuição variável entre frutos, legumes frescos, batatas, legumes secos, cereais e pão integral.

A importância dos produtos animais deve ser modesta, porque estes alimentos, constituídos essencialmente por proteínas e lípidos, não podem ser consumidos em grande quantidade sem se correr o risco de um excesso destes dois nutrientes e, sobretudo, dos ácidos gordos saturados fortemente maioritários nos lípidos animais. Portanto, recomenda-se que se modere o consumo de proteínas animais de forma a ter um provimento sensivelmente idêntico de proteínas animais e proteínas vegetais. Por isso, só se deve comer carne uma vez ao dia no máximo.

Em relação aos lípidos, no plano qualitativo, temos de concentrar a atenção no lugar privilegiado que se deve atribuir aos peixes e, especialmente, aos peixes gordos (todos os peixes de pele azulada: sardinha, anchova, cavala, atum, enguia, salmão) devido à sua composição em ácidos gordos poli-insaturados da série ómega 3.

Os óleos vegetais, principalmente o azeite (ver «O regime mediterrânico», p. 37) e o óleo de colza, devem ser largamente consumidos, uma vez que fornecem os ácidos gordos insaturados em proporção equilibrada e, por isso, são complementares.

Compor as próprias ementas

Como, a partir dos conhecimentos sobre os nutrientes e das necessidades do nosso corpo, preparar refeições equilibradas? Por outras palavras, que regime alimentar se deve adoptar para atingir, todos os dias, a forma física e psíquica óptima?

Mais vale prevenir do que CURAR

Isto porque a moda actual é a dieta. Cada qual propõe a sua, considerada infalível para emagrecer sem riscos. Mas, por um lado, nem toda a gente precisa de emagrecer e, por outro, a experiência mostra que muito poucas pessoas podem mudar brutalmente de tipo de alimentação.

O mais eficaz é, portanto, elaborar o próprio regime segundo os gostos pessoais, hábitos, costumes culinários da região em que se vive, para continuar a ter prazer em comer tudo respeitando as recomendações dos especialistas que hoje concentram os esforços num rápido aumento da importância atribuída aos frutos e legumes.

Por conseguinte, é desejável:

1. Aumentar o consumo de frutos e legumes (pelo menos cinco por dia e mais se o desejar, privilegiando os frutos e os legumes frescos).
2. Consumir cálcio (através de legumes, produtos lácteos e águas minerais ricas neste elemento).
3. Limitar o consumo de todas as gorduras e particularmente das gorduras saturadas, ou seja, sobretudo as gorduras contidas nos produtos de origem animal.
4. Aumentar a quantidade dos feculentos, leguminosas e batatas (evitando os fritos).
5. Consumir carne e produtos do mar em alternância, uma vez ao dia.
6. Limitar o consumo de açúcares e de alimentos ricos em açúcares (bolos, sodas, bombons, doces, etc.).
7. Limitar o consumo de bebidas alcoólicas (não mais de meia garrafa de vinho por dia ou o equivalente em relação ao seu teor alcoólico).

Os peritos que elaboraram as campanhas de prevenção para a alimentação recomendam consumir:
— Entre 400 e 800 g de frutos e legumes por dia, o que representa entre cinco e dez frutos e legumes, sendo entendido que cinco é o mínimo e dez considerado o objectivo a atingir. O ideal seria comer dez frutos e legumes diferentes por dia; os condimentos (alho, cebolas, chalotas, salsa, cebolinho ou outros) devem ser considerados legumes.
— Metade deve ser consumida na forma de alimentos crus, por

exemplo, dois frutos e uma porção de legumes crus ou salada, porque os alimentos crus são duas a três vezes mais ricos em vitamina C do que os vegetais cozidos. Esta vitamina, que desempenha um papel muito importante como antioxidante, não é armazenada no organismo; por isso, deve ser ingerida várias vezes por dia, em todas as refeições.

— A diversidade na escolha dos vegetais é muito importante porque cada fruto, cada legume apresenta características específicas. Todos os vegetais são complementares e é a variedade das suas componentes que lhes assegura a sinergia de acção no organismo. Na prática, para se obter esta diversidade, é necessário:

- Associar diferentes vegetais no mesmo prato: salada de diferentes frutos, saladas compostas de vários alimentos crus, sopas, jardineiras de legumes.
- Consumir diferentes partes das plantas: raízes (rabanete, cenoura, rabanete negro, escorçoneira, nabo e outras); frutos (curgete, maçã, pêra, beringela, feijão verde, tomate, etc.); folhas (alface, espinafre, erva-benta, bredo, aipo, etc.); sementes (feijão fresco em grãos, ervilhas, etc.).
- Utilizar regularmente produtos crus, como alho, cebola, chalota, salsa, cebolinho, limão, que fornecem uma variedade muito interessante de elementos antioxidantes.
- Consumir os frutos e legumes da época e, se possível, da própria região para aproveitar estes produtos maduros.

O regime mediterrânico

Azeitona e azeite

Vários estudos epidemiológicos realizados entre 1960 e 1980 mostraram que os habitantes dos países mediterrânicos apresentavam uma longevidade superior à média e uma fraca incidência de doenças cardiovasculares. Estas observações foram associadas a um modo de vida particular e, singularmente, a uma alimentação centrada na utilização da azeitona e do azeite, produtos abundantemente produzidos e consumidos nestas regiões.

É verdade que a composição do azeite, e principalmente o seu forte teor (70 %) de um ácido gordo mono-insaturado, o ácido oleico, lhe confere um interesse particular para equilibrar o consumo de ácidos gordos saturados das carnes. Mas é possível que outras componentes, que podem participar no seu excepcional poder protector face às doenças cardiovasculares, não tenham ainda sido detectadas.

À volta do azeite

As refeições comportam um consumo considerável de legumes verdes frescos, feculentos e pão.

Massas, sêmola, produtos lácteos na forma de iogurtes e queijos, aves e peixe são absorvidos em quantidades moderadas.

A carne vermelha só é consumida, em média, uma vez por semana, e os ovos à razão de um máximo de três por semana.

As nozes, as amêndoas e o mel fazem regularmente parte das sobremesas.

O vinho é bebido moderadamente, em média dois copos por dia às refeições.

Uma actividade física regular e elevada, mas sem excesso, acompanha este regime alimentar que é tradicional desde há várias centenas de anos nestas regiões em que o clima é quente no Verão, mas que pode ser rigoroso no Inverno.

O verdadeiro regime cretense

O regime mediterrânico acima descrito deriva de observações inicialmente realizadas em Creta. Para se desenvolver este tema, temos de nos referir ao excelente livro de François Couplan intitulado *Le Véritable Régime crétois*. O autor, que é etnobotânico, estudou, durante numerosas viagens a Creta, o modo de vida e os hábitos alimentares dos habitantes desta ilha, berço de uma das mais antigas civilizações do mundo. Apresenta-nos especialmente, graças à sua competência profissional, um elemento novo e interessante: os Cretenses ainda fazem de forma muito frequente a colheita de plantas silvestres para as incluir nas suas ementas.

Eis o que ele descreve acerca dos princípios da alimentação cretense:
- pão integral, diversos cereais e leguminosas combinados como base alimentar;
- diariamente, grande variedade de legumes e frutos frescos;
- plantas silvestres de modo tão frequente quanto possível;
- alho e cebolas;
- azeite como corpo gordo principal, completado por óleo de colza e diversos óleos ricos em ácidos gordos poli-insaturados

Os meios de PREVENÇÃO

como o girassol ou o cártamo, sempre esmagados a frio e não refinados;
- como bebidas, água e um pouco de vinho tinto, por vezes tisanas, sem excesso;
- pouca carne, de preferência de carneiro ou de borrego, por vezes frango;
- poucos produtos lácteos, excepto na forma de iogurte;
- por vezes peixe;
- ocasionalmente, ovos;
- poucos açúcares, bolos ou produtos de pastelaria;
- a maior quantidade possível de produtos provenientes da agricultura biológica, isentos de resíduos de adubos e de pesticidas;
- o menos possível em alimentos industriais já preparados (conservas, «fast foods», batatas fritas, barras de cereais, etc.);
- alimentos de texturas e sabores variados, preparados de forma simples mas cuidadosa (os vegetais não são demasiado cozidos);
- não se petisca entre as três refeições quotidianas;
- alimentação frugal quotidiana;
- de tempos a tempos, verdadeiros grandes festins com muito convívio...

O autor acrescenta algumas linhas acerca do modo de vida que parece indissociável da prática alimentar:
- as refeições são tomadas de forma calma, em família ou entre amigos;
- faz-se uma sesta após o almoço;
- não há excesso de *stress*;
- fazem exercício e caminham, principalmente para ir recolher as plantas silvestres;
- um contacto frequente e profundo com a natureza.

An apple a day

Se acreditarmos no famoso ditado inglês *«An apple a day keeps the doctor away»* (uma maçã por dia mantém o médico afastado), a maçã teria virtudes particulares observadas desde há mais de um século. O vinagre de maçã agiria no mesmo sentido.

A ciência contemporânea valida agora este ditado ao destacar os muito numerosos fitomicronutrientes (cf. p. 28) contidos neste saboroso fruto. O seu consumo quotidiano, que volta a estar no quadro das preocupações dos nutricionistas, é fácil de assegurar durante todo o ano, uma vez que se trata de um fruto que se conserva particularmente bem. Contudo, temos de nos assegurar de que as maçãs não sejam conservadas em câmaras frias, mas em locais à temperatura ambiente e muito arejados. Com efeito, as passagens repetidas do frio para a temperatura exterior destroem os aromas do fruto e, decerto, parte das suas propriedades.

Portanto, devemos comer maçãs frequentemente, mas evitando os frutos «industriais» e dando preferência aos pequenos produtores que apresentam grande número de variedades e utilizam processos de conservação que preservam as qualidades do produto.

A ideia de uma alimentação preventiva e curativa está a desenvolver-se. A tomada de consciência por parte da maioria das pessoas é um vasto empreendimento que exigirá um grande esforço de pedagogia e os meios financeiros adequados. O trabalho está apenas no início e é necessário que recolha muito depressa grande adesão popular.

No futuro, a biologia molecular permitirá, talvez, que cada um adapte o seu regime alimentar de forma muito personalizada e pratique uma alimentação preventiva de melhor eficácia graças a duas novas disciplinas: a nutrigenómica e a nutrigenética.

A nutrigenómica estuda a estrutura, a regulação e o papel dos genes implicados no metabolismo e o modo de acção dos nutrientes. Deste modo, poderá permitir saber como é que tal regime ou tais nutrientes são susceptíveis de modificar a expressão dos genes na população.

A nutrigenética, por seu lado, estuda a forma como um indivíduo irá reagir a certos alimentos comparativamente a outro indivíduo. Determina as bases hereditárias da variabilidade da resposta a alimentos, consequente a mutações.

Considerar o tabaco como um perigo grave

«As mortes associadas ao tabaco triplicarão no período de trinta anos, passando de quatro milhões para dez milhões por ano em todo o mundo, se nenhuma medida for tomada para evitar as doenças provocadas pelo tabagismo», afirma Robert Hecht, director do Banco Mundial para a saúde, nutrição e população.

Os meios de PREVENÇÃO

O tabagismo tornou-se uma verdadeira pandemia que se estende a todos os países. Com efeito, embora se observe uma diminuição do consumo global nos países industrializados, este aumenta nos países menos desenvolvidos, e os fumadores iniciam-se cada vez mais cedo entre os jovens com menos de quinze anos.

Todos os países do mundo tomaram finalmente consciência da gravidade dos efeitos nocivos causados por esta droga, e medidas dissuasivas são tomadas pelos responsáveis da saúde pública para fazer da prevenção e do fim do tabagismo uma prioridade.

Uma dependência mortal

Quando Cristóvão Colombo descobriu a América, as populações indígenas (os índios da América) utilizavam o tabaco nas suas cerimónias religiosas, considerando-o uma planta sagrada. Em 1492, Colombo traz o tabaco para Lisboa e será o embaixador de França em Portugal, Jean Nicot, que o irá difundir na Europa. Cheirado como rapé e, depois, mascado pela aristocracia, o tabaco só era então fumado pelos marinheiros e pelos soldados. No entanto, esta utilização difundiu-se e foi Richelieu quem, em 1629, estabeleceu a primeira regulamentação sobre esta droga ao confiar a sua venda aos boticários: o tabaco adquire assim o estatuto de remédio! Depois, Colbert fez com que o rei passasse a deter o monopólio do tabaco, monopólio que o Estado manteve até hoje.

O fabrico de cigarros data apenas de 1870 e o seu consumo em grande escala na população só se iniciou verdadeiramente após a guerra de 1914-18. Desde 1926, a SEITA (sociedade francesa de exploração industrial dos tabacos e fósforos) detém o monopólio desta indústria e entrega uma grande parte do lucro das vendas ao Estado. Deste modo, paradoxalmente, este produto que custa ao Estado uma fortuna pelas doenças que provoca é uma das suas fontes de rendimentos!

Foi necessário esperar até 1947, mais de quatro séculos após a sua introdução, para que alguns médicos ingleses começassem a suspeitar dos efeitos nefastos do tabaco, principalmente do seu papel no cancro dos brônquios. Em 1949, um notável estudo prospectivo realizado na Grã-Bretanha junto de 59 600 médicos demonstra, pela primeira vez, a responsabilidade directa do tabaco no aparecimento do cancro do pulmão, colocando mais em causa o cigarro do que o cachimbo. O estudo precisa que não há um limite abaixo do qual o cigarro seria inofensivo e indica que, relativamente ao não-fumador, o «pequeno fumador» expõe-se a um risco treze vezes mais elevado e o «grande fumador» (um maço ou mais por dia) a um risco quarenta vezes superior. Estes resultados alarmantes foram rapidamente confirmados por outros estudos realizados nos EUA e no Canadá.

A França manteve-se à distância destes trabalhos até 1958, ano em que alguns estudos demonstram, no animal, o efeito cancerígeno do alcatrão do tabaco sobre a pele. Nenhuma investigação é realizada no homem. Muitos médicos fumam e o tabaco é autorizado nos serviços hospitalares!

Em 1960, médicos britânicos, por ocasião de um estudo realizado sobre os mineiros das minas de carvão, propõem o conceito de «bronquite crónica» e atribuem-lhe três causas: o clima húmido, o meio desfavorecido e o elevado consumo de cigarros.

A partir dos anos 60, todos os países desenvolvidos começaram a interessar-se pelo impacto do tabaco sobre a saúde, mas o risco continua a ser subestimado durante muito tempo. Actualmente, apesar dos combates de retaguarda de alguns fumadores, esta droga é colocada no banco dos réus não só devido aos numerosos cancros, mas também às doenças cardiovasculares e pulmonares (além do cancro). No total, quarenta anos de acompanhamento de fumadores regulares permitiram identificar vinte e quatro doenças directamente imputadas ao tabaco.

O papel do fumo

De forma evidente, é o fumo que agride o organismo do fumador e também, infelizmente, do não-fumador que se encontra nas proximidades (fala-se então de tabagismo passivo).

Quer se trate de cigarros, cachimbos ou charutos, o fumo produzido pode ser simplesmente conservado na boca ou inalado. Estas duas situações são totalmente diferentes relativamente às condições de penetração dos produtos tóxicos.

Com efeito, a mucosa da boca apresenta uma superfície de contacto de cerca de 250 cm^2, enquanto a dos brônquios e dos pulmões é de 80 a 100 m^2, ou seja, três a quatro mil vezes maior. Além disso, esta última é muito mais permeável, nomeadamente ao

Os meios de PREVENÇÃO

nível dos alvéolos pulmonares. Por último, o tempo de contacto entre a mucosa e o fumo é muito curto na boca e muito mais longo nos brônquios e nos pulmões.

Conservado na boca, o fumo tem apenas efeitos muito limitados e só se lhe pode imputar alguns cancros da cavidade bocal por lesões locais. Em contrapartida, a inalação provoca uma verdadeira intoxicação do fumador devido à passagem para o sangue de produtos altamente tóxicos.

Deve, aliás, lamentar-se que esta prática da inalação, que foi, durante muito tempo, um fenómeno minoritário e reservado aos homens, tenha tendência para se tornar muito maioritária inclusivamente nas mulheres.

Produtos altamente tóxicos

O fumo resulta de uma combustão incompleta do tabaco. É composto de gás (principalmente, gás carbónico e monóxido de carbono), partículas sólidas e gotinhas líquidas que se vão depositar nas paredes da traqueia, dos brônquios e dos alvéolos pulmonares e libertar as suas moléculas altamente tóxicas. A composição química do fumo varia segundo a natureza dos tabacos, a sua preparação e a forma como o cigarro é fumado. Identificaram-se mais de três mil substâncias nesta composição. O fumo do tabaco liberta anualmente, em todo o mundo, 2 250 000 toneladas (!) de produtos tóxicos nas casas, o que faz dele a primeira fonte de poluição dos países industrializados. Os agentes tóxicos mais bem estudados são: a nicotina, o monóxido de carbono, o alcatrão e os produtos irritantes.

A nicotina é um alcalóide praticamente específico do tabaco, uma vez que, noutros vegetais, só se encontra alguns vestígios desta substância.

A nicotina dissolve-se muito depressa na água e, por isso, penetra muito rapidamente no organismo. Em sete segundos, após uma inalação de cigarro, a nicotina chega ao cérebro. Esta substância é o principal agente (talvez o único) da dependência tabágica. Tem efeitos sobre o sistema nervoso central, onde provoca o relaxamento ou a excitação, e sobre o sistema nervoso autónomo por intermédio do qual provoca a taquicardia e a vasoconstrição.

Como demonstrou o grande médico fisiologista Claude Bernard no século passado, trata-se de uma droga fortemente tóxica: seis gotas injectadas num cão bastam para provocar a morte do animal num quadro de paralisia e contractura. Para o homem, a dose mortal seria entre 30 a 60 mg.

A taxa de nicotina contida num cigarro varia entre 17 e 20 mg. Só uma pequena parte (felizmente!), cerca de 1 a 3 mg, passa no fumo, mas 90 % desta quantidade pode passar para o sangue!

O primeiro cigarro da manhã provoca um brusco aumento da nicotinemia até a taxas compreendidas entre 5 e 30 ng (o nanograma equivale a um milésimo de milionésimo de grama ou a um milionésimo de miligrama). Ao longo do dia, esta taxa varia em função dos cigarros consumidos. Baixa durante o sono mas nunca chega a zero.

A dependência induz no fumador um comportamento de adaptação involuntário que o faz puxar pelo cigarro de forma a restabelecer sempre a taxa de nicotina no sangue necessária à satisfação da sua necessidade. Esta taxa é variável em cada fumador. Por isso, é ilusório para um fumador que consuma um maço por dia querer reduzir o consumo, pois utilizará de forma diferente os cigarros fumados para equilibrar a sua dependência.

80 % da nicotina é eliminada pelo fígado e acessoriamente pelos rins, nas urinas e pelos pulmões no ar expirado.

Produzido durante todas as combustões incompletas, o óxido de carbono é um gás incolor e inodoro cujos efeitos tóxicos são há muito conhecidos e que contribui para criar uma asfixia progressiva. Com efeito, entra em competição com o oxigénio pela sua fixação na hemoglobina dos glóbulos vermelhos com a qual forma um composto muito estável chamado carboxiemo-globina. Este pode atingir, nos fumadores, concentrações quatro a sete vezes superiores às encontradas nos não-fumadores.

Entre alguns dos produtos que estão na origem de cancros, o mais conhecido e mais estudado é o 3-4 benzopireno.

A taxa de alcatrão é muito variável segundo o tipo de cigarro. Desde 1998, não pode ultrapassar 12 mg por cigarro e a última regulamentação de 2002 reduziu a taxa para 10 mg.

Entre os produtos irritantes, a acroleína, o formol, o ácido cianídrico, os óxidos de azoto, os fenóis, etc., são responsáveis por inflamações crónicas das mucosas das vias aéreas superiores onde provocam repetidas rinites e faringites.

Os meios de PREVENÇÃO

Efeitos sobre o organismo

Sobre o sistema nervoso

Os componentes do fumo do tabaco são pouco tóxicos directamente sobre os nervos. Em contrapartida, grande maioria dos fumadores reconhecem-lhe e descrevem uma acção sobre o cérebro: estimulação da actividade cerebral com melhor eficácia intelectual, aumento da capacidade de concentração, diminuição da ansiedade. Estas sensações resultam, certamente, por um lado, da acção directa da nicotina e, por outro, do prazer complexo associado ao acto de fumar.

A dependência induzida pelo tabaco faz parte dos efeitos sobre o sistema nervoso central.

A nicotina também perturba muito fortemente o sistema nervoso neurovegetativo (ou sistema nervoso autónomo).

Está na origem dos diferentes mal-estares sentidos pelo fumador debutante (náuseas, suores frios, dores de cabeça, vómitos, palidez do rosto), da aceleração do ritmo cardíaco (15 a 20 pulsações após um ou dois cigarros), de uma constrição dos pequenos vasos que provoca uma redução da temperatura da pele, de um aumento da pressão arterial (1 a 2 cm de Hg para a pressão sistólica), da redução das secreções gástricas e das contracções gastrointestinais.

Além disso, as perturbações crónicas deste sistema manifestam-se sem que o fumador as associe ao seu tabagismo: alteração do sono e da vigilância em certos momentos, dificuldades em gerir o *stress* e a fadiga, redução frequente do apetite e adopção de comportamentos alimentares atípicos, variações anormais da temperatura do corpo, aumento ou diminuição da transpiração, variações inesperadas do ritmo cardíaco e da pressão arterial, alteração do humor e do comportamento emocional, sensações bizarras de bem-estar ou mal-estar, diminuição das reacções das defesas imunitárias.

Todas estas respostas do corpo à droga tornam o fumador frágil e representam uma séria desvantagem.

Sobre o aparelho respiratório (excluindo o cancro)

A mucosa dos brônquios e dos bronquíolos está coberta de cílios minúsculos que vibram permanentemente e asseguram assim a drenagem para o exterior do muco ininterruptamente por ela segregado.

Este muco desempenha um papel fundamental uma vez que as partículas inaladas vão colar-se-lhe como visco para serem rejeitadas para o exterior graças ao movimento dos cílios, depois absorvidas pelo esófago ao nível do tracto aerodigestivo e destruídas no estômago pela fortíssima acidez gástrica.

Deste modo, os nossos pulmões possuem um sistema extremamente eficaz de protecção contra as infecções, porque as bactérias ou vírus que inalamos obrigatoriamente com as partículas inertes são assim enviados para um local (a bolsa gástrica) onde a sua sobrevivência está bastante comprometida.

O fumo do tabaco vem perturbar este cenário bem oleado ao irritar a mucosa, que tem por consequência parar ou tornar ineficazes as vibrações dos cílios. Sucede-se a estagnação do muco e das partículas e micróbios que ele contém, e estes podem assim penetrar nas células brônquicas e desenvolver uma infecção.

A bronquite crónica é o resultado da repetição do processo acima descrito. De infecção em infecção, o revestimento das mucosas brônquicas altera-se, os cílios destroem-se, o muco é cada vez menos eliminado e os micróbios têm cada vez mais facilidade em instalar-se no território conquistado.

Os sintomas são muito banais, por isso são geralmente negligenciados: tosse e expectoração crónica mais abundante de manhã, que se agravam ao longo dos anos.

A partir dos cinquenta anos, qualquer fumador sofrerá mais ou menos de bronquite crónica. Nos casos graves, esta situação impõe um tratamento à base de antibióticos durante seis meses.

As complicações são graves: problemas nas paredes dos alvéolos pulmonares com dilatação permanente e enfisema, agravamento da natureza das infecções, instalação de uma insuficiência respiratória e uma insuficiência cardíaca.

Apesar deste quadro sombrio, deve notar-se que a paragem do consumo de tabaco permite obter uma boa recuperação dos brônquios e muitas vezes a cura.

Sobre o sistema cardiovascular

A arteriosclerose e a hipertensão (cf. p. 111) são as duas perturbações do sistema cardiovascular que condicionam o conjunto dos ataques repartidos pela totalidade do corpo. O seu carácter

_____ Os meios de PREVENÇÃO

indolor e muito insidioso torna-as temíveis porque são geralmente negligenciadas antes do aparecimento de complicações graves.

A arteriosclerose é uma obstrução progressiva das artérias provocada por depósitos complexos nas suas paredes.

Certas artérias são mais frequentemente atingidas:
- as artérias do coração (artérias coronárias) que podem sofrer espasmos provocando uma dolorosa redução da oxigenação que desencadeia a crise da angina do peito, ou obstruções prolongadas que provocam o enfarte do miocárdio;
- as artérias do cérebro, que podem manifestar efeitos progressivos com regressão lenta e insidiosa das faculdades mentais ou manifestações brutais denominadas «acidente vascular cerebral (AVC)» ou «congestão cerebral» com paralisia e, por vezes, coma irreversível;
- as artérias dos rins, que provocam uma insuficiência renal progressiva e irreversível;
- as artérias dos membros inferiores, chamadas «artrites», que provocam dores que reduzem o perímetro de marcha e podem, a longo prazo, implicar a amputação.

A hipertensão corresponde a um aumento da pressão arterial, em parte devido ao endurecimento da parede provocada pelo ateroma. As duas doenças estão portanto intimamente ligadas.

Os cancros

É evidentemente o cancro broncopulmonar que ocupa a posição cimeira, uma vez que 92 % dos casos se devem ao tabaco (cf. pp. 104 ss). Mas esta droga está igualmente envolvida nos cancros da boca, da laringe, do esófago, do colo uterino, do cólon, do pâncreas e da bexiga.

Novas localizações-alvos de cancro associadas à responsabilidade do tabaco estão hoje identificadas e são objecto de intensivas investigações epidemiológicas. São os cancros do estômago, do fígado, dos rins e a leucemia mielóide.

As outras doenças

A úlcera gastroduodenal

A acção da nicotina neste domínio exerce-se provavelmente por intermédio do sistema nervoso autónomo (cf. acima). Clinicamente, o tratamento da úlcera é claramente menos eficaz entre os fumadores e as complicações aparecem quatro a cinco vezes com mais regularidade.

As gengivites
O fumo de tabaco é particularmente agressivo para a mucosa das gengivas que ele destrói progressivamente, provocando uma amputação das linguetas interdentárias e, por isso, uma estagnação, entre os dentes e no sulco gengivo-dentário, de partículas alimentares e bactérias que se alimentam destas. Apesar de uma boa higiene, uma gengivite crónica instala-se então com gengivas inchadas, inflamadas, sangrando muito frequentemente, mau hálito e tendência para abcessos dentários. O agravamento inevitável leva à piorreia alvéolo-dental e à perda de dentes.

Problemas da pele
O tabagismo é uma causa comprovada de rugas precoces.

Problemas dos olhos
Estudos recentes demonstram que o tabagismo aumenta também em 50 % o risco de cataratas.

As alergias
Os estudos sobre a alergia destacaram uma participação do fumo do tabaco nas alergias respiratórias. Pela inflamação provocada, pode aumentar a permeabilidade da mucosa brônquica aos alergénicos.

Problemas particulares à mulher fumadora
A menopausa é antecipada, em média, de dezoito meses a dois anos.
A osteoporose é mais grave e o risco de fracturas mais elevado.
A frequência do cancro do colo uterino aumenta.
Observa-se um envelhecimento prematuro da pele com perda da elasticidade, da flexibilidade e da resistência com rugas acentuadas. A pele das mulheres fumadoras é geralmente, a partir dos quarenta anos, semelhante à de uma mulher na menopausa. Este fenómeno está associado à perturbação do metabolismo dos estrógenos pela nicotina.

Os meios de PREVENÇÃO

Problemas cardiovasculares
A associação entre o tabagismo e a pílula contraceptiva é catastrófica porque aumenta fortemente o risco de trombose (coágulo de sangue que vai obstruir um vaso sanguíneo) ao perturbar a coagulação sanguínea. De acordo com certos estudos, o risco de acidente vascular cerebral pode ser assim multiplicado por vinte. Pílulas mais fracas são comercializadas, mas mais não fazem do que atenuar o risco.

Por último, deve notar-se que o enfarte do miocárdio é cada vez mais frequente nas mulheres com menos de quarenta anos e que o tabaco está à cabeça dos factores de risco, uma vez que está presente em 84 % dos casos, à frente da contracepção hormonal (40 %)!

As motivações do fumador

As primeiras inalações de cigarros durante a infância (cada vez mais frequentes) ou na adolescência são sempre desagradáveis e originam tosse violenta, suores, náuseas e até vómitos. Portanto, temos de procurar noutro lado que não no prazer imediato as razões que levam alguém a fumar.

Entre tudo aquilo que foi escrito acerca do assunto, podemos salientar a necessidade de a criança ou adolescente se afirmar através de um comportamento de oposição e de se identificar ao seu novo meio. Contudo, deve notar-se que os filhos de pais fumadores, longe de marcarem a sua diferença não fumando, encontram-se antes entre os mais jovens consumidores.

A publicidade e o cinema, meios muito eficazes de condicionamento colectivo, também contribuíram bastante para banalizar o cigarro apresentando-o como símbolo de juventude, felicidade, elegância, originalidade, entretenimento e serenidade, mas também de sucesso profissional ou actividade criativa. O seu carácter social de objecto que se oferece, se aceita, se acende e se troca, e a linguagem codificada do fumo, permite que os fumadores tenham a impressão mais ou menos consciente de pertencer a um mundo de iniciados. Os índios não reservavam o uso do tabaco para ritos religiosos?

Observar os fumadores permite geralmente destacar uma série de gestos específicos a cada pessoa, mas muito repetitivos, pelos quais o sujeito parece exprimir parte da sua personalidade.

Para o adolescente, fumar é um meio simples e barato (no início) de passar para o mundo dos adultos, e, para o rapaz, de afirmar a sua virilidade.

Deve-se acrescentar-se todo o material que gravita em torno do cigarro: isqueiros, fósforos especiais, cigarreiras, boquilhas, cinzeiros, guilhotinas de charutos, cachimbos, aparelhos de enrolar cigarros, todos eles objectos que fazem parte do ritual. O que há ainda para oferecer no Dia do Pai quando este não fuma?

Os psicólogos, por seu lado, atribuem ao tabagismo um certo mimetismo com o acto elementar de chuchar e comer. O adulto fumaria tal como a criança mama ou chucha no polegar.

Habituação, tolerância e dependência

O consumo repetido de um produto tóxico induz, a pouco e pouco, se a dose não for demasiado grande, um fenómeno de habituação que se traduz pelo desaparecimento progressivo dos problemas causados pelas primeiras vezes em que esse produto foi consumido. O sujeito pode até aumentar progressivamente, sem danos aparentes, as doses até a quantidades que provocariam problemas graves num sujeito não habituado.

O rei Mitrídates, grande adversário de Roma durante o primeiro século antes de Cristo, já havia compreendido este fenómeno, pois tinha o hábito de tomar de modo regular e progressivo pequenas quantidades de veneno para se precaver de venenos que poderiam ser dissimulados nos alimentos pelos seus inimigos. Em sua honra, designa-se por «mitridatismo» este fenómeno de habituação.

Tudo se passa, portanto, como se o organismo se adaptasse à droga, como se adquirisse uma espécie de imunidade.

Na verdade, a habituação é um logro. Trata-se apenas de uma tolerância que nada tem que ver com a aquisição real de uma nova capacidade do organismo. Não há dúvida de que este está protegido contra a intoxicação aguda, mas a custo de uma intoxicação crónica muito mais grave que se traduz por uma ausência de reacção quando se volta a tomar a droga. Tudo se passa como se os sistemas de alerta e, singularmente, o sistema nervoso tivessem perdido parte da sensibilidade.

O sujeito tolerante é, portanto, um sujeito diminuído em relação às suas capacidades de defesa e, além disso, dependente.

Os meios de PREVENÇÃO

A dependência foi definida pela OMS em 1975 como uma auto--administração repetitiva de um agente farmacológico de modo compulsivo, ou seja, contra a sua razão e vontade. Implica uma perda de liberdade, uma espécie de alienação relativamente a um produto químico.

No caso do tabaco, a nicotina é a molécula responsável por esta dependência. Provoca uma determinada dependência física, variável nos indivíduos, e pode observar-se que cada fumador adapta a maneira de fumar a fim de manter a sua taxa de nicotina sanguínea acima de um certo limiar de dependência, seja qual for o tipo de cigarros que fuma.

No entanto, há outra dependência, de ordem psíquica, que se projecta num conjunto de gestos por vezes muito elaborado e no tipo de vida.

A dependência da criança é muito rápida: «As crianças tornam--se dependentes da nicotina com uma rapidez impressionante e com quantidades de tabaco tão reduzidas que ninguém pensava que tal fosse possível», afirmam os autores de um recente estudo americano (2002) realizado sobre estudantes dos doze aos treze anos. Na maioria dos casos, a dependência surge entre trinta e cento e oitenta dias após a primeira inalação, mas pode começar com o primeiro cigarro.

O cérebro dos adolescentes ainda em desenvolvimento deve ser, portanto, mais vulnerável do que o dos adultos.

O tabagismo passivo

Trata-se da situação em que um sujeito não-fumador é obrigado, contra a sua vontade, a respirar numa atmosfera poluída por fumadores. Este fenómeno, ainda demasiado frequente, desencadeou muitas polémicas em que os fumadores reivindicam o direito de fumar e rejeitam os argumentos dos não-fumadores. Esta atitude é, sem dúvida, totalmente inaceitável, uma vez que se trata de um verdadeiro atentado ao direito, de cada um, de não se expor aos malefícios desta droga.

Hoje, o facto de alguém se encontrar numa atmosfera de fumo é classificado oficialmente como «cancerígeno para o homem» pelo centro de investigação do cancro (CIRC) da OMS, baseado em Lião.

«A exposição involuntária ao fumo do tabaco provoca o cancro do pulmão. Os não-fumadores estão expostos aos mesmos riscos cancerígenos que os fumadores activos», afirma o CIRC, que, em Maio de 2002, reuniu um grupo de vinte peritos de doze países para estudar a questão.

Nos Estados Unidos, o tabagismo passivo é considerado responsável por 90 000 a 180 000 acidentes cardiovasculares (dos quais 30 000 a 60 000 falecidos) por ano.

Um recente estudo (entre Janeiro de 2000 e Agosto de 2001) efectuado na Grécia, onde o consumo de tabaco é dos mais elevados da Europa, em particular nos locais de trabalho, mostra que o risco de sofrer um acidente coronário agudo (enfarte do miocárdio), para um não-fumador exposto ao tabagismo passivo, é aumentado 47 % relativamente a um sujeito não exposto. A partir deste estudo, pode calcular-se que 32 % dos sujeitos expostos a um tabagismo passivo terão na vida um acidente deste tipo.

O tabagismo passivo é particularmente grave para as crianças, nas quais provoca infecções repetidas, nomeadamente rinites, rinofaringites, otites, sinusites e bronquites ou crises de asma. Além disso, é formalmente suspeito da morte súbita dos bebés.

É ainda mais grave para o feto, cujos tecidos imaturos são pouco eficazes para eliminar a nicotina transportada pela placenta. A criança, no ventre da mãe, reage imediatamente ao cigarro fumado por esta. Pode observar-se, dez minutos após a primeira inalação, uma aceleração do ritmo cardíaco que subsiste durante vinte e cinco minutos, uma aceleração do ritmo respiratório e uma diminuição dos movimentos espontâneos. Além disso, o atraso de crescimento é sempre claro: os filhos de mulheres fumadoras apresentam uma carência de peso compreendida entre 70 e 400 gramas. O atraso psicomotor é mais preocupante e estudos sérios mostram que os filhos de mães fumadoras possuem um quociente intelectual inferior aos filhos de mães não-fumadoras.

Os números

Em França, o número total de fumadores está em diminuição. Em vinte anos, passou de 31 para 27 % da população com mais de quinze anos, ou seja, 7,5 milhões de homens e 5,2 milhões de mulheres. Contudo, as fumadoras são mais numerosos do que em 1980: a sua percentagem aumentou de 17 para 21 %, enquanto a dos fumadores diminuiu de 45 % para 33 %.

Os meios de PREVENÇÃO

A França situa-se, nos países da Europa, no nono lugar em relação aos homens e no décimo segundo em relação às mulheres.

No entanto, 31 % dos jovens com dezasseis anos e menos fumam todos os dias, o que coloca o país acima da média europeia. Com dezoito anos, este número atinge os 50 %. O primeiro cigarro é fumado aos treze anos e meio em média (!) e a entrada no tabagismo quotidiano tem lugar pouco antes dos quinze anos.

Um fumador em cada dois morre de uma doença associada ao tabaco.

Em cada ano, em França, 65 000 pessoas morrem por causa do tabagismo. A relação entre os sexos é desigual: contam-se 58 000 homens para 7000 mulheres, mas estas parecem decididas a recuperar o atraso porque o seu número está claramente a aumentar.

Além disso, 3000 pessoas que não fumam morrem por causa do tabagismo passivo.

O tabaco é responsável por um terço dos óbitos por cancro nos países desenvolvidos.

Metade dos fumadores sucumbem entre os trinta e cinco e os sessenta e nove anos com uma doença provocada pelo tabaco.

A bronquite crónica (cf. p. 46) atinge 2 milhões de pessoas e provoca 20 000 mortes por ano em França.

Os óbitos por doenças de coração provocadas pelo tabaco elevam-se a 13 000 por ano.

O centro de controlo e prevenção das doenças, de Atlanta, calculou o custo do tabagismo nos Estados Unidos, país onde se vende anualmente 22 mil milhões de maços de cigarros. O estudo em relação ao período entre 1995 e 1999 recenseia 440 000 óbitos imputáveis anualmente ao tabaco. O custo económico foi calculado em 7,18 dólares por um maço de cigarros que valia 2,92 dólares em 1999. Num ano, isso representa 158 mil milhões de dólares feitos em fumo!

No ano 2002, os Franceses despenderam treze mil e quinhentos milhões de euros contra os sete mil e cem milhões em 1991.

Prevenção do tabagismo

Em 1976, a lei Weil proibiu o consumo de tabaco em certos locais públicos. No entanto, foi necessário esperar por 1992 para que a lei

Evin a completasse e proibisse o fumo em todos os locais públicos e estabelecesse a obrigatoriedade da existência de uma zona para não fumadores nos restaurantes.

Desde esta data, numerosas companhias aéreas proibiram o tabaco mesmo nas viagens de longo curso.

Foi ainda necessário esperar pelo dia 1 de Janeiro de 2003 para que a interdição de fumar fosse inscrita no código de trabalho francês. Com efeito, sem este acto oficial, a lei Evin era quase inaplicável nos locais de trabalho. Agora existe uma directiva europeia aplicável em toda a União que permite a aplicação de sanções sobre aqueles que expuseram outros ao fumo.

Para que doravante ninguém possa dizer que não estava ao corrente dos riscos derivados do tabagismo, uma portaria de 25 de Abril de 2002, publicada no jornal oficial em 28 de Abril e assinada pelo ministro Bernard Kouchner, endureceu a regulamentação.

O teor em alcatrão dos cigarros não pode ultrapassar 10 mg (contra os 12 mg anteriores) a partir de 1 de Janeiro de 2004 para os cigarros vendidos em França e a partir de 1 de Janeiro de 2005 para os cigarros fabricados em França e vendidos fora da Comunidade Europeia.

A portaria fixa depois as indicações que devem figurar nos maços e a sua apresentação.

Os teores em alcatrão e nicotina devem estar indicados em caracteres gordos helvéticos negros sobre um fundo branco e em minúsculas, excepto a primeira letra; o texto deve cobrir pelo menos 10 % da superfície considerada (uma das faces laterais do maço).

O aviso geral «Prejudica gravemente a saúde» deve cobrir pelo menos 30 % da superfície em que se encontra, e o aviso específico (ver à frente) pelo menos 40 % da superfície mais visível aquando da compra. Devem ser igualmente em caracteres helvéticos e estar envolvidos por uma moldura negra com a espessura mínima de 3 milímetros.

Catorze avisos específicos estão previstos e devem estar impressos nos maços de forma a que sejam todos igualmente visíveis.

1. Os fumadores morrem prematuramente.
2. Fumar obstrui as artérias e provoca crises cardíacas e ataques cerebrais.
3. Fumar provoca o cancro mortal do pulmão.
4. Fumar durante a gravidez prejudica a saúde do seu filho.

Os meios de PREVENÇÃO

5. Proteja as crianças: não as obrigue a respirar o seu fumo.
6. O seu médico ou o seu farmacêutico podem ajudá-lo a deixar de fumar.
7. Fumar cria uma forte dependência. Não comece.
8. Parar de fumar reduz os riscos de doenças cardíacas e pulmonares mortais.
9. Fumar pode provocar uma morte lenta e dolorosa.
10. Procure ajuda para deixar de fumar (n° de telefone de chamada gratuita).
11. Fumar pode diminuir o fluxo sanguíneo e provocar impotência.
12. Fumar provoca o envelhecimento da pele.
13. Fumar pode prejudicar os espermatozóides e reduzir a fertilidade.
14. O fumo contem benzeno, nitrosaminas, formaldeído e cianeto de hidrogénio.

Os produtos não conformes a estas disposições só podem ser comercializados até 30 de Setembro de 2003.

O tabagismo é uma doença transmitida pela comunicação, pela publicidade e pelo patrocínio. Em 1999, nos Estados Unidos, a indústria do tabaco gastou 113,6 milhões de dólares para patrocinar eventos desportivos! Para lutar contra estas acções e não «entregar o desporto às tabaqueiras», a comissão nacional francesa contra as doenças respiratórias prepara numerosas acções de sensibilização para os anos vindouros.

À escala planetária, o campeonato mundial de futebol, em Maio e Junho de 2002, foi uma oportunidade para utilizar o desporto como novo aliado. Além de todo o evento se ter desenrolado em locais sem tabaco, foi possível ver, num *spot* televisivo, Zinedine Zidane, o melhor jogador do mundo, apelar aos jovens para «ousarem dizer não» ao tabaco.

A publicidade ao tabaco ainda não está proibida, mas agora há contrapesos. Meios radiofónicos e televisivos começam a estigmatizar, por vezes de forma muito realista, os perigos do tabagismo. Assim, a última campanha televisiva compara o cigarro com um caixote do lixo. Por seu lado, a OMS (Organização Mundial de Saúde) prevê no seu projecto de convenção que regulamenta o uso do tabaco a eliminação progressiva da publicidade. Esta convenção, discutida em Outubro de 2002, deveria ser adoptada em Maio de 2003.

Em breve, ninguém poderá ignorar a perigosidade do tabagismo.

Mas a luta contra o tabagismo deve começar muito cedo. Até à adolescência, ou seja, aos doze ou treze anos, as crianças são sensíveis aos modelos propostos pelos pais. Pais não-fumadores e motivados podem, portanto, orientar fortemente os filhos para uma rejeição do tabagismo. Ao mesmo tempo, poder-se-ia fazer um trabalho nas escolas, colégios e liceus. Aprender as grandes regras de higiene e de saúde muito cedo é, seguramente, o melhor meio de utilizá-las como viático para toda a vida.

A adolescência, período em que o jovem está mais exposto, merece especial atenção. O papel do desporto e das associações juvenis (escutismo, campos de férias) poderia ser determinante se o Estado resolvesse fornecer os meios de informação compatíveis com uma verdadeira prevenção.

Renúncia do tabagismo

Deixar de fumar é um acto corajoso e difícil. As recaídas são frequentes e acontecem vários meses após se ter deixado o tabaco. Por aqui se vê a que ponto o tabaco é uma verdadeira droga, de que o fumador é tão dependente quanto um alcoólico ou um heroinómano. No entanto, a questão é fundamental na prevenção da doença.

Calcula-se que 80 % de todos os fumadores considerados hoje, por exemplo, tentaram deixar de fumar nos dozes meses anteriores. Isto significa que 8 em cada 10 fumadores tentaram parar ao menos uma vez por ano. Estas tentativas não são, portanto, geralmente coroadas de sucesso.

A renúncia tabágica implica um tempo de preparação que permite ao sujeito reunir todas as suas motivações, pensar nas dificuldades a que estará sujeito e encarar princípios de respostas. Também irá fazer o balanço de todas as vantagens que obterá com seu novo estado: melhoramento da condição física, da higiene corporal, do sono, do comportamento, e benefícios para o seu meio profissional e familiar.

Esforçar-se por se projectar mentalmente nesta prova é um garante de sucesso. Em especial, o indivíduo deve convencer-se de que o período de consolidação da renúncia será longo e, por vezes, difícil com alguns episódios de depressão. A pós-cura é muito mais difícil e mais longa do que a cura!

Os meios de PREVENÇÃO

O fumador beneficiará se criar uma nova gestualidade, a fim de romper com a do cigarro que se tornou inconsciente e, por isso, solidamente enraizada.

Durante a renúncia tabágica, é recomendado beber muita água, pelo menos dois litros por dia. Os legumes e frutos devem ser comidos em grande quantidade e todos os produtos que agem sobre o sistema nervoso devem ser reduzidos ou suprimidos: chá, café, bebidas alcoólicas. As gorduras e carnes também devem ser reduzidas. De facto, trata-se de um período propício para passar para o regime mediterrânico (cf. p. 37) que terá, além disso, a vantagem de lutar contra o ganho de peso.

Este regime deverá ser iniciado algumas semanas antes de deixar de fumar, para preparar o organismo.

Todos os especialistas recomendam que se pare de fumar brutalmente sem redução progressiva do consumo. Com efeito, o fenómeno de habituação (ver mais acima) faz com que o fumador adapte o modo de fumar para encontrar o seu nível de dependência, seja qual for o número de cigarros que fume. Isto significa que fumará o cigarro até ao fim em vez de o deitar fora consumido aos três quartos e que conservará durante mais tempo o fumo nos pulmões para que mais nicotina passe para o sangue.

Os meios farmacológicos

Há substitutos nicotínicos bem tolerados na forma de «penso» (que se cola na pele) e de goma para mascar. Estes suportes estão impregnados de nicotina que será progressivamente libertada no organismo.

Em ambos os casos, o objectivo é permitir ao sujeito intoxicado reduzir progressivamente a dependência, tornando menos penosa a supressão do factor dessa dependência.

A prescrição e o acompanhamento médico são de rigor, porque não há uma dose padrão e esta deve ser adaptada em função de uma análise prévia que permite avaliar o grau de intoxicação.

O bupropion (Zyban[R]), inicialmente utilizado como antidepressivo, age de modo diferente dos substitutos nicotínicos e pode ser-lhes associado e ser prescrito em primeira ou segunda intenção. A sua acção exerce-se sobre as estruturas cerebrais implicadas na dependência à nicotina: reduz a intensidade da pulsão de fumar.

A *psicoterapia*, sem ser indispensável, é sempre bem-vinda para ajudar a passar este período difícil. É preferível iniciá-la alguns meses antes de deixar de fumar.

As recaídas são frequentes, estritamente independentes do método utilizado e geralmente ligadas a episódios da vida (depressão reaccional, excesso de álcool, insucesso sentimental ou num exame, ambiente eufórico). Mais do que de um insucesso do tratamento, deve falar-se antes de um insucesso da prevenção das recaídas. As psicoterapias têm, decerto, a sua maior importância neste tipo de prevenção.

Renúncia do tabaco e ganho de peso

O peso de um indivíduo é um equilíbrio diariamente posto em causa entre a quantidade de calorias despendida e a fornecida pela alimentação. O aumento de peso verificado cerca de uma vez em cada três após se deixar de fumar é consequência de uma perturbação deste equilíbrio. Situa-se, em média, à volta dos 3 kg.

De facto, é o fumador que apresenta frequentemente um peso inferior ao normal na ordem dos 3 kg. Isto deve-se à influência do tabaco sobre a diminuição dos fornecimentos calóricos por reduzida absorção de nutrientes, sobre o aumento das despesas energéticas, calculadas em 10 % para o metabolismo de base, 15 % para a actividade física e 35 % para a digestão, e sobre a aceleração do trânsito gastrointestinal.

Quando se pára de fumar, observa-se fenómenos inversos que provocam uma economia nas despesas de energia, um aumento dos provimentos em nutrientes devido aos alimentos consumidos entre refeições que compensam a falta e a um regresso rápido do paladar e do olfacto que relança o prazer de comer.

As mulheres são particularmente sensíveis a este risco, que é um dos argumentos utilizados para não deixar de fumar.

Por isso, é necessário prevenir os fumadores motivados para abandonar o tabaco que devem fazer um esforço particular para limitar a ingestão de alimentos com o risco de, caso contrário, ultrapassarem rapidamente o peso óptimo.

Teremos de ser cínicos?

Para concluir este imponente, mas crucial *dossier*, temos de citar o trabalho, publicado em 1994, de um economista, Jean-Jacques

Os meios de PREVENÇÃO

Rosa, professor no Institut d'études politiques de Paris, que aborda o tabagismo sob o ângulo do seu custo social e do equilíbrio das finanças públicas, sendo o custo social definido como o custo do tabagismo para os não fumadores. Segundo esta perspectiva, «a conclusão tirada pelo corpo médico dos efeitos patológicos do consumo de tabaco não é suficiente para provar o carácter indesejável, para a sociedade, deste consumo». Com efeito, a partir da avaliação dos custos médicos, J.-J. Rosa faz o balanço: «No plano económico, os custos médicos suplementares imputáveis aos fumadores, custos de hospitalização e perdas fiscais associadas às perdas de produção, ou seja, 4 mil milhões de euros, são compensados pelas economias públicas associadas ao falecimento prematuro dos fumadores (reformas correspondentes que não terão de ser pagas e tratamentos que seriam exigidos pelos fumadores se vivessem mais tempo), e pelas receitas fiscais sobre o consumo do tabaco, no montante de 6850 milhões de euros.»

O que leva o autor a uma conclusão lógica e inesperada: «Longe de constituir um fardo para a colectividade, os fumadores contribuem com o que pagam para aumentar o nível de vida dos não-fumadores.»

Um olhar diferente sobre o álcool

Não se deve confundir o alcoolismo com a sua manifestação mais visível: a ebriedade. Numerosos verdadeiros alcoólicos nunca estão ébrios, mas a sua esperança de vida está, porém, gravemente comprometida. Deve igualmente sublinhar-se que o álcool não se encontra apenas nos aperitivos e digestivos, mas também em todos os vinhos e cervejas considerados geralmente como bebidas inofensivas.

O álcool mata 50 000 pessoas por ano em França, e 5 milhões de indivíduos são considerados consumidores excessivos ou grandes bebedores e têm problemas médicos, psicológicos e sociais ligados ao álcool.

Um em cada cinco indivíduos que se dirige a uma consulta de clínica geral é dependente do álcool.

Com um consumo médio de 11 litros de álcool (trata-se da totalidade das bebidas alcoólicas resumidas ao álcool que contêm) por adulto e por ano, a França é um dos maiores países consumidores mundiais de álcool.

Na estrada, 30 % dos condutores responsáveis por acidentes

mortais apresentam uma alcoolemia positiva. Quase 2 % dos automobilistas circulam em estado de embriaguez.

O custo social do álcool representado pelas vidas perdidas prematuramente e pelas perdas de produtividade ligadas ao absentismo é o dobro do custo do tabaco. Representa 17 530 milhões de euros, ou seja, 1,42 % do PNB francês (produto nacional bruto) contra 0,85 % em relação ao tabaco!

Em contrapartida, os tratamentos gerados pelo alcoolismo representam metade dos gerados pelo tabaco, o que certamente se deve a uma subdeclaração das patologias ligadas ao álcool.

As bebidas alcoólicas

O consumo excessivo de bebidas alcoólicas está já atestado nas primeiras narrações bíblicas a propósito de Noé! Parece que, de forma muito empírica, os seres humanos tiveram sempre tendência para consumir estas bebidas fermentadas que lhes causam, por algumas horas, uma ebriedade em que alguns encontram um reconforto ou o esquecimento das suas condições.

Todas estas bebidas possuem em comum o facto de conter uma determinada percentagem de álcool etílico (o etanol dos químicos) que provém da fermentação dos açúcares (ou glícidos) incluídos em numerosos produtos vegetais. A fermentação é assegurada por microorganismos presentes naturalmente nos vegetais. Utilizam-se assim os mostos de frutos, os tubérculos ou as sementes para se obter grande variedade de produtos. O vinho, a cerveja ou a cidra são os mais difundidos no mundo.

Mais recentemente, o homem desenvolveu o processo de destilação que permite aumentar fortemente a concentração em álcool de um produto já fermentado. As bebidas obtidas por destilação são as aguardentes e foram, durante muito tempo, consideradas remédios.

Hoje em dia, sabe-se perfeitamente que o álcool, longe de tratar, é um produto muito tóxico.

Grau alcoólico de uma bebida

Por conseguinte, é fundamental saber que quantidade de álcool contém uma bebida fermentada ou destilada. A quantidade de álcool está indicada nas garrafas em «graus alcoólicos». Este valor dá a

Os meios de PREVENÇÃO

percentagem volumétrica em álcool puro. Assim, um vinho que apresenta 12° contém 12 % de álcool puro, ou seja, 120 cm³ por litro. Do mesmo modo, um *whisky* que apresenta 45° contém 45 % de álcool puro, ou seja, 450 cm³ por litro.

Graças a esta indicação, é fácil avaliar a partir de que quantidade de bebida absorvida se torna importante o risco tóxico.

Outros tóxicos

O álcool não é o único produto tóxico para o organismo. Durante a fermentação, outras moléculas são elaboradas, em especial aldeídos (o acetaldeído é temível), ésteres e outros álcoois (o metanol é particularmente tóxico para o nervo óptico). Deve igualmente levar--se em conta substâncias contaminadoras introduzidas no decurso do processo de fabrico agro-industrial, como os pesticidas ou as fitotoxinas de fungos.

Todas estas moléculas dão a cada bebida uma toxicidade original a que cada organismo reagirá de modo diferente. Isto explica em grande parte os efeitos sentidos por cada pessoa quando bebe vinhos de regiões diferentes.

O álcool no organismo

O álcool ingerido é muito pouco transformado pelas secreções gástricas e sempre muito rapidamente absorvido ao nível do estômago e do intestino. Passa então para o sangue, atinge o fígado, espalha--se por todos os órgãos (cérebro, coração, rins, baço, pulmões) e depressa chega às urinas, à saliva... e ao leite materno.

Nove décimos do álcool absorvido são metabolizados no organismo, sobretudo ao nível do fígado (trata-se de uma oxidação). Significa que é transformado em produtos menos tóxicos. O resto é totalmente eliminado pelos pulmões (o que permite o teste de alcoolemia), pelos rins na urinas e pela pele (transpiração).

Velocidade de oxidação do álcool e alcoolemia

O álcool é decomposto no fígado à razão média de 0,1 g por quilo de peso e por hora. Esta velocidade de oxidação apresenta importantes variações individuais (de 0,05 a 2 g). No entanto, é constante na mesma pessoa e não é sensível nem ao esforço físico nem ao frio. Por isso, não vale a pena correr à volta do carro da polícia antes de soprar no alcoolímetro!

A alcoolemia é a concentração de álcool no sangue. Exprime-se em gramas por litro. Um fórmula simples permite calculá-la: alcoolemia = Pa: (Ps x C).

Pa = peso do álcool puro ingerido;
Ps = peso do sujeito;
C = coeficiente cujo valor médio, para o homem, é de 0,7 se a bebida for ingerida fora das refeições e de 1 se for ingerida durante a refeição; para a mulher é de 0,6 e 1.

Deste modo, conhecendo o grau alcoólico das bebidas, as quantidades ingeridas e o seu peso, cada pessoa pode calcular a sua alcoolemia. Um homem de 80 kg que, durante uma boa refeição, absorve apenas meio litro de vinho a 12°, ou seja 60 cm^3 de álcool puro, isto é, 48 g, terá uma alcoolemia igual a:

48: (80 x 1) = 0,60 g/l

Sabemos que uma quantidade relativamente reduzida de vinho provoca uma alcoolemia que ultrapassa os limites autorizados em caso de condução de uma viatura (cf. pp. 69-73).

Numerosos factores influenciam a alcoolemia. Deste modo, o álcool bebido em jejum provoca uma alcoolemia muito mais elevada. Uma refeição rica em proteínas reduz a alcoolemia em 35 % e, se for rica em glícidos, em 50 %. A absorção de frutose em boa quantidade é muito eficaz para baixar a alcoolemia. Com igual quantidade de álcool absorvida, as mulheres apresentam uma taxa mais elevada que os homens. Notemos, por último, que a ingestão repetida de álcool durante o dia implica uma acumulação do álcool no organismo e as taxas podem então ser muito elevadas.

Os efeitos tóxicos do álcool

Absorvido em grande excesso, o álcool é um veneno rápido para o cérebro e pode provocar um coma etílico e até uma morte rápida por sobredosagem.

Consumido regularmente em excesso, o álcool é um veneno lento para todos os órgãos.

A toxicidade do álcool manifesta-se, antes de tudo, no sistema nervoso com o qual apresenta uma forte afinidade.

_____ Os meios de PREVENÇÃO

O fígado também é um alvo privilegiado, porque é neste órgão que o álcool é metabolizado. A longo prazo, a presença de álcool no fígado provoca uma doença mortal: a cirrose.

O pâncreas, o coração, certas glândulas endócrinas, o esófago, o estômago e o intestino delgado também são alvo da intoxicação alcoólica.

O sistema nervoso

Droga psicotrópica, o álcool é utilizado pela euforia passageira que produz e é, em todo o mundo, o tranquilizante mais utilizado.

Um alcoolização passageira provoca muito rapidamente uma alteração do juízo e torna o sujeito, simultaneamente, mais temerário, mais indolente, menos atento e mais agressivo.

Fisicamente, as perturbações da visão, devido a dificuldades de adaptação, de diminuição do campo visual e aumento do tempo de ofuscamento, juntam-se às perturbações dos reflexos. Os gestos tornam-se mais lentos e imprecisos.

As perturbações mentais surgem no primeiro plano com uma euforia permanente que torna o sujeito progressivamente indiferente às suas dificuldades pessoais, ao seu ambiente e às suas relações afectivas; depois surgem problemas característicos compostos de irritabilidade e fúria, perturbações do humor que se exprimem frequentemente nas fases de depressão, uma deterioração intelectual com perda de memória, raciocínio mais lento, perda do sentido moral e perturbações do sono que se traduzem geralmente pela hipersónia.

Os problemas neurológicos manifestam-se mais tarde com, especialmente, uma polineurite, crises de epilepsia e perturbações cerebrais que podem chegar ao delírio.

O sistema digestivo

A nível do tubo digestivo, o álcool age, ao mesmo tempo, por contacto, por impregnação e por via sanguínea!

O fígado é o órgão alvo por excelência, no qual se forma uma degenerescência gordurosa chamada esteatose, rapidamente seguida de uma esclerose que é a cirrose.

As pancreatites agudas gravíssimas são frequentes e geralmente causam uma morte prematura.

A patologia do esófago é rica: varizes, esofagites, úlceras e cancros são doenças próprias do alcoólico.

O estômago desenvolve gastrites, úlceras e cancros.

Por fim, o intestino delgado sofre de duodenites e de deficiências de absorção por causa da alteração da sua mucosa.

O estado geral
Toda a vida celular é alterada pelo álcool.

As perturbações acima descritas são acompanhadas por uma grande sensação de fadiga, que leva o sujeito a beber para ter um «arranque» que relance a máquina durante uma ou duas horas.

O apetite diminui, o que provoca progressivamente uma sub-nutrição e uma desnutrição. Após alguns anos, o alcoólico alimenta--se essencialmente de álcool que lhe fornece calorias vazias (cf. p. 34). Emagrece, o rosto incha, o seu hálito fétido testemunha as alterações de todo o tubo digestivo e do fígado e transpira facilmente.

O álcool favorece o aparecimento de cancros
Numerosas investigações epidemiológicas demonstraram uma relação entre o uso imoderado de bebidas alcoólicas e certos cancros: cancro do fígado, da boca, da faringe, da laringe, do esófago, do pâncreas e da mama.

De acordo com os especialistas, o álcool não é directamente cancerígeno, mas age como factor suplementar para aumentar a acção de um produto cancerígeno. Neste sentido, a associação entre o álcool e o tabaco é catastrófica.

As aparências enganosas

Metabolizado no fígado, o álcool fornece energia à razão de 7 Kcal por grama. Teoricamente, um litro de vinho com 12°, que contém portanto 96 gramas de álcool na forma de álcool etílico, fornece 670 Kcal e 25 gramas de outras substâncias (especialmente açúcares) que acrescentam 40 Kcal, ou seja, um total de 710 Kcal. Esta enorme massa de energia só é útil excepcionalmente, pois acaba por se transformar em excesso de gordura. No entanto, com a evolução do alcoolismo, o álcool torna-se o «único alimento» e o sujeito emagrece.

É necessário acrescentar que a transformação do álcool produz ácido láctico que limita o trabalho muscular.

A verificação de uma incidência relativamente fraca de doenças cardiovasculares em França, comparada com a dos países do Norte

_____ Os meios de PREVENÇÃO

da Europa ou nos Estados Unidos, foi associada ao consumo de vinho. É aquilo que os epidemiologistas anglo-saxónicos designam por «paradoxo francês» (cf. p. 115). Sabe-se agora que não é o álcool que tem um efeito benéfico, mas alguns produtos antioxidantes contidos nos vinhos, sobretudo nos tintos. Para obter este efeito, basta beber um a dois copos de vinho por dia às refeições, hábito que se encontra no regime mediterrânico (cf. p. 37).

Alcoolização e alcoolismo

Considera-se que uma pessoa está em estado de alcoolização se a quantidade de álcool absorvida modificar o funcionamento do seu organismo e, singularmente, as suas funções cerebrais.

Na prática, nenhum problema se regista até aos 0,15 g de alcoolemia. Um pequeno número de indivíduos apresenta alterações de comportamento a partir de 0,20 g. Todos os indivíduos apresentam perturbações apreciáveis a partir de 0,30 g.

Doses muito consideráveis, a partir dos 4 a 5 g, provocam o coma e por vezes até a morte. A expressão «a cair de bêbado» traduz bem esta temível situação.

No entanto, há imensas variações individuais, já que o número, a variedade das bebidas alcoólicas e as possibilidades de mistura são muito importantes. Compreende-se, portanto, a tendência dos poderes públicos para reduzir regularmente o limite de alcoolemia tolerado. Numerosos países resolveram, aliás, o problema ao exigir uma taxa de alcoolemia igual a zero para todos os condutores.

O alcoolismo é um estado associado à habituação e à tolerância. Estes dois fenómenos não são específicos ao álcool. Os organismos são capazes, relativamente a todos os produtos tóxicos consumidos regularmente em doses moderadas, de se adaptar e desenvolver um estado de tolerância que não corresponde a um estado de resistência. O sujeito não adquire uma capacidade particular relativamente ao tóxico. A habituação apenas reduziu ao mínimo as reacções normais de alerta e de defesa.

No caso do álcool, a situação torna-se dramática porque, com uma taxa de alcoolemia de 1 g, um alcoólico crónico pode conduzir o seu automóvel sem problemas aparentes e com uma diminuição bastante fraca das suas capacidades, pelo menos de início.

Na realidade, devido à diminuição das suas defesas imunitárias, o alcoólico é um sujeito diminuído, deficiente, que reage tanto menos quanto mais tolerante for ao álcool.

Um teste biológico: os ɣGT

A ɣGT (gama glutamil transpeptidase) é uma enzima presente em muitos órgãos cuja produção é aumentada pelo álcool. A sua taxa pode, por isso, ser um precioso índice para detectar ou acompanhar uma pessoa alcoólica.

As taxas normais são:

— no homem: 7 a 40 unidades internacionais por litro;
— na mulher: 7 a 28 unidades internacionais por litro;
— na criança: 5 a 20 unidades internacionais por litro.

Este teste não é completamente específico do alcoolismo e pode ser estendido em diferentes circunstâncias:

— no recém-nascido, as taxas são cinco a dez vezes superiores às do adulto;
— em caso de excesso de peso;
— em caso de hepatite, de cancro do fígado;
— no enfarte de miocárdio, em caso de insuficiência renal, diabetes, cancro da mama ou do pâncreas e melanoma.

Além disso, é preciso saber que certos medicamentos podem interferir com a taxa, nomeadamente os antidepressivos, os contraceptivos orais, os anticonvulsivos e certos anticancerosos.

Contudo, se, durante um controlo, a taxa de ɣGT atingir o dobro da normal, o sujeito pode ser fortemente suspeito de alcoolismo. Quando se deixa verdadeiramente o álcool, a taxa baixa 50 % no período de oito a dez dias.

Prevenção do alcoolismo

Trata-se, certamente, de um empreendimento mais difícil do que o tabagismo, porque o número de intervenientes em causa é muito maior e as questões financeiras colossais.

A prevenção do alcoolismo choca, em primeiro lugar, contra a fortíssima pressão de certos factores sociais que levam as pessoas a beber.

Os meios de PREVENÇÃO

Um enorme sector da agricultura, da indústria e do comércio está implicado na produção e venda de vinho e de bebidas alcoólicas. Centenas de milhares de pessoas vivem desta actividade e consideráveis somas são despendidas em publicidade para incitar ao consumo. Interesses económicos e políticos à medida da importância deste sector de actividade estão, pois, em jogo e não surpreende que se tenha desenvolvido um verdadeiro *lobby* do vinho, cujos alguns dos mais fiéis agentes são os eleitos locais, regionais ou até nacionais.

Até agora, o *lobby* continua forte, mas pode esperar-se que o aumento permanente das despesas de saúde acumulado com o aumento da longevidade obrigarão alguns políticos a dar assim provas de coragem e a empreender um verdadeiro combate de prevenção contra este flagelo que é o alcoolismo.

As bebidas alcoólicas fazem parte das drogas que acompanham os homens desde o princípio dos tempos, tanto na sua busca do sagrado para tentar compreender a sua condição como na busca da euforia para tentar esquecê-la.

Em redor do mito do álcool criaram-se numerosas confrarias ou associações que exaltam as suas virtudes desprezando os seus perigos.

Sem se advogar o fim destes grupos geralmente mais folclóricos do que perigosos, poder-se-ia consagrar algum dinheiro em publicidade para lutar contra certas ideias feitas demasiado enraizadas nas mentalidades:

- não, o álcool não dá força! Destrói-a a pouco e pouco porque fornece apenas «calorias vazias» e o seu consumo carece de micronutrientes;
- não, o álcool não aumenta os «desempenhos» sexuais. Pelo contrário, tem tendência para os diminuir. Neste domínio, podemos atribuir-lhe apenas uma acção desinibidora;
- não, o álcool não aquece. O calor sentido após a ingestão de álcool corresponde a uma dilatação dos vasos sanguíneos subcutâneos. Mas o calor assim produzido escapa-se imediatamente pelos poros da pele, o que reduz a temperatura corporal e provoca o risco de hipotermia;
- não, o álcool não mata a sede. Tende até a induzir uma desidratação por efeito diurético;

- não, um álcool «digestivo» não ajuda a digestão;
- não, nem todas as cervejas são iguais. O seu teor alcoólico veria de 4° a 12°!
- não, o café não ajuda a curar a embriaguez, pois não exerce qualquer influência sobre a taxa de álcool do sangue;
- não, beber água antes ou após a ingestão de álcool não é um meio de fazer baixar a alcoolemia. A diluição no estômago em nada altera a concentração sanguínea;
- não, o álcool não estimula a avaliação dos riscos, é o contrário. O condutor subestima os riscos e sobrestima as suas capacidades;
- não, o álcool não melhora os reflexos. O tempo de reacção aumenta consideravelmente com o aumento da taxa de alcoolemia;
- sim, o álcool reduz o campo visual. A visão lateral, principalmente, diminui 25 % e os olhos ficam mais sensíveis ao ofuscamento.
- sim, o álcool produz um efeito de euforia associado a um sentimento de confiança particularmente perigoso para a condução.
- não, as mulheres não são iguais aos homens no que respeita ao álcool. Elas são muito mais sensíveis à toxicidade – o que não é uma vantagem para os homens!

O consumo de álcool pode ser visto como um meio necessário para compensar a dificuldade de certas condições de trabalho. Por exemplo, nos trabalhos que envolvem esforço físico ou os efectuados ao frio ou com cadência rápida.

Algumas profissões estão muito expostas, principalmente as que se relacionam com a produção e comércio de bebidas alcoólicas (viticultores, representantes, cozinheiros, empregados de bar, etc.) ou as que implicam uma actividade intermitente, como os pescadores de alto mar.

O *stress*, que gera a ansiedade, pode incitar ao consumo de álcool devido ao seu efeito de euforia.

Por último, a pobreza, as dificuldades materiais, o desemprego, o isolamento, o desenraizamento, a entrada na reforma favorecem também o recurso a esta droga.

Em todos os casos, a prevenção passa pela educação e, quando possível, pela modificação das condições de trabalho ou de vida.

Os meios de PREVENÇÃO

Porque ensinar a sobriedade devia ser uma prioridade para todos os indivíduos.

Não há dúvida de que a sensibilização para todos os grandes flagelos deve começar desde a mais tenra idade. A escola é, por isso, o local ideal para tentar proteger as crianças. No entanto, contrariamente ao tabaco, cuja produção é controlada apenas pelo Estado, as bebidas alcoólicas são controladas por interesses muito poderosos que nem os governos gostam de enfrentar.

Um dia, poderá ensinar-se desde a escola que não se deve beber, a não ser em festas muito episódicas (uma vez por mês?), mais de dois copos de vinho por dia. Pois, para além desta quantidade, já não se pode falar de sobriedade.

O polícia, guardião da saúde

O alcoolismo tornou-se assunto principal desde que os governos começaram a empenhar-se em fazer baixar a taxa de mortalidade nas estradas. Uma maior severidade em relação às infracções neste domínio sensível terá decerto efeitos fortemente preventivos sobre o alcoolismo. Como o automóvel é actualmente um meio habitual de transporte, a multa ou a apreensão da carta de condução por embriaguez ao volante parece um bom meio para fazer reflectir grande parte da população.

Nesta ordem de ideias, admiramo-nos por não se ver realizar controlos frequentes de alcoolemia aos condutores que pegam no volante à saída dos bares nocturnos, discotecas e restaurantes.

Parece, pois, fundamental mostrar novamente em pormenor os números que cada pessoa devia conhecer perfeitamente e os riscos corridos em caso de infracção.

1. A taxa de alcoolemia permitida ao volante é de 0,5 % (ou g/l), ou seja, 0,25 mg/litro do ar expirado. Para atingir este valor, basta beber dois copos de vinho de tamanho médio (125 cm^3 por copo), tendo em conta que um copo de sumo, um copo de cerveja ou um grande copo de *whisky* não é um copo «médio».
2. Qualquer pessoa pode, com o auxílio de uma fórmula simples, avaliar a sua alcoolemia. Basta levar em conta a quantidade de álcool contida num copo de tamanho médio (125 cm^3), o número de copos bebidos, o peso do sujeito e um coeficiente

(C) diferente segundo o sexo (0,70 para um homem e 0,60 para uma mulher).

Alcoolemia = (10 x número de copos) : (peso x C)

O número 10 corresponde à quantidade de álcool puro contido num copo de vinho, expresso em gramas.

Exemplo: um homem de 75 quilos bebeu 3 copos de vinho: a sua alcoolemia A é de (10 x 3) : (75 x 0,70) = 30 : 52,5 = 0,57 % (ou g/l).

Para quem não gosta de cálculos, um pequeno e simples quadro permite obter o mesmo resultado:

HOMENS

	1 copo	2 copos	3 copos	4 copos	5 copos
50 quilos	0,2	0,4	0,6	0,8	1,0
60 quilos	0,1	0,3	0,5	0,7	0,9
70 quilos	0,1	0,3	0,5	0,6	0,8
80 quilos	0,1	0,3	0,4	0,5	0,7
90 quilos	0,1	0,2	0,4	0,5	0,6
100 quilos	0,1	0,2	0,3	0,4	0,5

MULHERES

	1 copo	2 copos	3 copos	4 copos	5 copos
45 quilos	0,2	0,5	0,8	1	1,3
50 quilos	0,2	0,5	0,7	0,9	1,2
60 quilos	0,2	0,4	0,6	0,8	1
70 quilos	0,1	0,3	0,5	0,7	0,9
80 quilos	0,1	0,3	0,5	0,7	0,8

Nota: pode considerar-se que cada copo faz aumentar a taxa de alcoolemia de 0,15 a 0,20 conforme os indivíduos. No entanto, para algumas pessoas, este valor pode atingir 0,30, especialmente em algumas mulheres, jovens e pessoas idosas.

_____ Os meios de PREVENÇÃO

3. Contudo, deve saber-se avaliar bem aquilo que se bebe. Num restaurante ou num bar, os copos têm tamanhos padrão. Em contrapartida, as quantidades consumidas em casa são geralmente duas a três vezes superiores.
4. Qualquer pessoa, após ter ingerido uma bebida alcoólica, pode também avaliar a sua alcoolemia com o auxílio de materiais cuja qualidade tenha sido demonstrada.
– Os alcoolímetros químicos – ou «balões» dos polícias» – são compostos por um sistema que contém o reactivo químico numa boquilha para a qual se deve soprar. Em caso de consumo de álcool, o reactivo colora-se numa extensão proporcional à quantidade de álcool. Se a zona colorida ultrapassar a marca indicada no visor, o sujeito está para além dos 0,5 % (ou g/l). Estes testes custam menos de 1,5 euros por unidade.
– Os alcoolímetros electrónicos estão equipados com um detector de álcool e um microprocessador que analisa os dados. Fornecem um valor que se exprime em mg/l do ar expirado. Para conhecer a taxa de alcoolemia em % (ou g/l), basta multiplicar por 2 o valor registado. Este aparelho permite várias centenas de medições mudando a boquilha.

Custa menos de 150 euros e começa a estar disponível em alguns estabelecimentos comerciais.

Em caso de teste positivo, é imperativo que se abstenha de conduzir.

5. A alcoolemia diminui em função do tempo a partir do momento em que se deixa de beber devido à decomposição do álcool pelo fígado.
   Pode considerar-se que a redução é de 0,10 a 0,15 g/l de sangue e por hora. Significa que é necessário esperar pelo menos 3 horas para conduzir em caso de alcoolemia de 0,80!
6. Álcool e risco de acidente.
   Relativamente a um condutor que não tenha bebido, o risco de ter um acidente é multiplicado por:
   – 2 para uma alcoolemia de 0,5 % (ou g/l);
   – 10 para uma alcoolemia de 0,8 % (ou g/l);
   – 35 para uma alcoolemia de 1,2 % (ou g/l);
   – 80 para uma alcoolemia de 2 % (ou g/l).
   Em França, os condutores que ultrapassaram o limite de 0,5 % (ou g/l) representam 2 a 3 % das pessoas ao volante. Quando um controlo da alcoolemia é realizado, estão implicados em

6 % das infracções autuadas (por exemplo, recusa de parar no «stop» ou nos sinais vermelhos), 10 % dos acidentes materiais, 20 % dos acidentes corporais e 40 % dos acidentes mortais (o que representa 3600 mortos por ano).

7. As sanções por contravenção são pesadas:

– de 0,5 a 0,8 % (ou g/l), você está em situação de contravenção. Arrisca-se a uma multa de 90 euros se for paga no prazo de três dias, 135 euros (multa minorada) se for paga depois de três dias mas antes de trinta dias e 375 euros (multa majorada) se for paga depois de trinta dias. Além disso, implica a perda de 3 pontos na carta de condução;

– para uma taxa de álcool superior a 0,8 g/l ou se, entre 0,5 e 0,8 g/l, tiver provocado «danos involuntários à integridade da pessoa» (feridas), está em situação de delito, o que já é do foro do tribunal criminal. As penas são então particularmente pesadas:

a) Se ninguém tiver sido ferido, arrisca no máximo 30 000 euros de multa, a perda de 6 pontos da carta de condução, até três anos de suspensão da carta e até dois anos de prisão.

b) Se a pessoa ferida ficar com uma incapacidade total durante menos de três meses, o culpado arrisca 15 000 a 45 000 euros de multa, um a três anos de prisão, e até cinco anos de suspensão ou anulação da carta de condução.

c) Se a pessoa ferida tiver uma incapacidade total por mais de três meses, o culpado arrisca 30 000 a 60 000 euros de multa, dois a quatro anos de prisão, e até cinco anos de suspensão ou anulação da carta de condução.

d) Se a pessoa falecer, o culpado arrisca 45 000 a 90 000 euros de multa, três a seis anos de prisão, e até cinco anos de suspensão ou anulação da carta de condução.

Além disso, o juiz pode decretar a confiscação do ou dos veículos do culpado. [Nota: em Portugal, a taxa máxima de alcoolemia permitida por lei é de 0,5 g/l. No caso de ser superior a este valor e inferior a 0,8 g/l, trata-se de uma contra-ordenação grave, com multa de 240 a 1200 euros e inibição de conduzir de 1 mês a um ano. Taxa igual ou superior a 0,8 g/l e inferior a 1,19 g/l, é uma contra-ordenação muito grave, com coima de 360 a 1800 euros, e inibição de conduzir de 2 meses a dois anos. Taxa igual ou superior a 1,2 g/l, é considerado crime, com pena de prisão até um ano ou multa

Os meios de PREVENÇÃO

até 120 dias, e proibição de conduzir de três meses a três anos. Em caso de acidente com ofensas corporais ou morte, pode aplicar-se as disposições penais que podem ir até à acusação de homicídio qualificado (NT).]

Em suma, mantenha-se sóbrio, e pense que o medo das sanções pode ter um efeito benéfico: conservá-lo em boa saúde.

Deixar o álcool

Tal como em relação ao tabaco, deixar de beber é uma necessidade se se quiser prevenir todas as doenças induzidas pelo álcool. No entanto, a experiência mostra que este empreendimento é particularmente difícil de levar a bom termo. Com efeito, é muito raro que um alcoólico reconheça a sua dependência e confesse o seu sofrimento. Se acabar por admiti-lo, ainda é mais raro que aceite procurar ajuda. De facto, a impregnação alcoólica tem um formidável poder de ocultar a consciencialização e, por isso, de favorecer a negação.

Tomada de consciência

Todas as ocasiões devem ser aproveitadas para que o sujeito saia da sua negação. Um controlo sanguíneo de rotina em que se inclua a taxa dos γGT, uma procura de explicação sobre um emagrecimento anormal, uma consulta por hipersónia ou insónia, uma análise sobre uma impotência que perturba a vida afectiva, um acontecimento grave como a apreensão da carta de condução na sequência de uma condução em estado de embriaguez ou acessos de violência incontrolável podem ser o gatilho que permitirá iniciar o trabalho do abandono do álcool.

O acompanhamento psicológico

A ajuda de um psicólogo ou de um psiquiatra, se possível especializado nesta matéria, é indispensável. Permite incitar o sujeito a analisar a sua relação de dependência do álcool e a fazer-lhe compreender que a situação pode evoluir para uma verdadeira libertação.

Este terapeuta deve ser, de preferência, diferente daquele que acompanhará materialmente a cura de desintoxicação.

Durante a cura e as eventuais recaídas (infelizmente frequentes), o diálogo que se tiver estabelecido no início deve ser mantido para que o sujeito disponha a todo o momento de uma possibilidade de se abrir longe da família, dos amigos ou até do seu médico.

Mais vale prevenir do que CURAR

Os exames médicos de despistagem

O diagnóstico precoce é essencial na prevenção da doença. Meios biológicos e radiológicos cada vez mais aperfeiçoados permitem agora descobrir anomalias e perturbações menores do funcionamento que justifiquem a intervenção de medidas preventivas ou terapêuticas adequadas.

Estas práticas são fundamentais para doenças silenciosas que só se manifestam por sintomas clínicos assinaláveis após anos de evolução ou para acompanhar a evolução e despistar as complicações.

Entre os exames mais «úteis» no plano da prevenção deve citar-se:
- a pressão arterial, que deve ser medida em todas as consultas (seja qual for o objectivo desta) e, em todos os casos, pelo menos uma a duas vezes por ano, independentemente da idade;
- a taxa do colesterol (incluindo as fracções HDL e LDL) e dos triglicéridos, que se deve realizar de cinco em cinco anos nos adultos e de modo mais frequente se for observada uma taxa anormal;
- a glicemia, que permite prever o risco de diabetes e acompanhá-lo (cf. «A diabetes», p. 119). Dispositivos extremamente engenhosos permitem agora que os diabéticos controlem com exactidão, em casa, as suas taxas de glicose sanguínea.
- o exame ginecológico com esfregaço para despistagem de um cancro, a realizar todos os anos;
- o exame dos seios para despistagem de um cancro, todos os anos após os 40 e mamografia todos os anos ou de dois em dois após os 50 anos (de três em três após os setenta anos);
- a hemocultura, análise do sangue nas fezes, que pode ser um diagnóstico precoce de um cancro do cólon; anual após os 50 anos;
- a radiografia do cólon de três em três ou de cinco em cinco anos após os 50 anos pelas mesmas razões que a hemocultura;
- o exame da próstata por toque rectal e radiografia, e a taxa dos PSA para despistagem do cancro: anual após os 50 anos;
- a osteodensitometria óssea, que permite avaliar o risco de osteoporose, e que se generalizará provavelmente nos anos vindouros (cf. p. 159);

— a IRM (radiografia de grande desempenho), que tem agora um papel importante no diagnóstico e prognóstico da artrose, pois permite detectar a perda progressiva de cartilagem; por isso, permite seguir tanto os esforços de prevenção como os resultados dos tratamentos, principalmente na afecção da anca e do joelho.

Os avanços da tecnologia, em especial a miniaturização (é possível avaliar dezenas de parâmetros em menos de 1 cm^3 de sangue), aproximam-nos a passos largos do dia em que qualquer pessoa poderá ter em casa um verdadeiro pequeno laboratório em caso de predisposição particular.

Em todo o caso, alguns exames actualmente realizados apenas no hospital tornar-se-ão instrumentos fundamentais de despistagem. Deste modo, a medição da insulina no sangue, se pudesse ser efectuada em todas as pessoas com hereditariedade diabética, permitiria detectar as primícias da doença quinze a vinte anos antes de se manifestar através de sintomas alarmantes.

A acção terapêutica

A medicina moderna, que tem apenas cem anos de existência, só agora começa a interessar-se pela prevenção. Contudo, ao longo dos séculos, desenvolveram-se outros meios terapêuticos que se interessavam muito mais por ela. Os nossos antepassados, que tinham uma visão mais sincrética do homem e do universo, não concebiam que se cortasse o corpo em pedaços isolados, nem que fosse separado do espírito e de uma entidade a que chamavam alma. Sem tocar nas margens da religiosidade, vale a pena aderir novamente a esta ideia de que o homem constitui um todo, corpo e espírito indissociáveis, e que esta unidade deve ser apreendida em qualquer esforço de prevenção ou de tratamento.

Embora nem sempre tenham sido validados pela ciência médica contemporânea, faremos aqui uma descrição geral destes diferentes meios, enquanto as suas aplicações práticas serão apresentadas nos capítulos específicos a cada doença. O meu trabalho de investigação, movido por uma curiosidade sem fronteiras, durante mais de quarenta anos, e a minha experiência pessoal e objectiva de médico levou-me, com efeito, a nada rejeitar daquilo que pode ser bom para a saúde do homem.

Fitoterapia

A fitoterapia é um método de tratamento que utiliza exclusivamente plantas, segundo diferentes formas, mas nunca diluídas. É geralmente confundida com a homeopatia (cf. p. 77) que utiliza princípios activos dos três reinos (mineral, vegetal e animal) sempre diluídos.

A utilização de tisanas, decocções e outras infusões de plantas é tão antiga como o mundo. Corresponde à aquisição progressiva e empírica, pelo homem, de um certo domínio do seu ambiente. A pouco e pouco, as observações acerca da utilidade de muitas destas plantas foram coligidas e registadas em manuais, enquanto outros saberes foram transmitidos pela tradição oral.

Desde há um século, graças aos métodos científicos de investigação, as plantas desvendaram, a pouco e pouco, os seus segredos. Muitas moléculas activas foram identificadas e as suas acções sobre o corpo humano experimentadas. Em quase todos os casos, foi demonstrada a superioridade do «totum» (a totalidade da planta ou uma das suas partes) relativamente a um extracto. Significa que age pela complementaridade de constituintes muito numerosos.

Esta propriedade é contrária à medicina contemporânea, que utiliza remédios muito purificados (designados por alopáticos) que contêm apenas uma molécula activa destinada a intervir sobre um único alvo na vida celular.

Na fitoterapia, numerosos princípios activos que agem sobre múltiplos mecanismos da vida celular desenvolvem um verdadeiro controlo sinérgico. Em especial, podemos destacar as suas acções benéficas sobre o sistema imunitário que desempenha um papel fundamental na manutenção da homeostasia (equilíbrio geral da vida celular). É provável que os fitomicronutrientes (cf. p. 28) funcionem desta forma.

Os tratamentos através de plantas apresentam, além disso, uma vantagem clara: provocam menos efeitos secundários do que os tratamentos alopáticos.

No entanto, há plantas tóxicas que, evidentemente, não são utilizadas. Em contrapartida, nenhuma das plantas catalogadas nas diferentes farmacopeias do mundo apresenta qualquer risco. Para que alguém se intoxicasse, seria necessário que as absorvesse em quantidades consideráveis.

Os meios de PREVENÇÃO

Até meados do século XX, nos países industrializados e ainda hoje em muitos países menos desenvolvidos, as plantas silvestres constituem parte da alimentação (cf. p. 38). Podemos citar, como exemplo, o dente-de-leão, a salva ou a urtiga. Estas plantas comestíveis têm virtudes reguladoras hoje bem conhecidas. Curiosamente, remetem-nos para o célebre aforismo de Hipócrates: «Que o teu alimento seja o teu medicamento.»

Compreende-se então por que razão as tisanas das nossas avós voltam a ganhar interesse desde que qualquer pessoa pode aceder a um melhor conhecimento e a uma reflexão positiva sobre a sua saúde. Todos os grandes domínios da patologia acima evocados podem ser abordados de forma preventiva utilizando plantas seleccionadas pelos seus efeitos específicos. Estas plantas serão apresentadas em cada capítulo.

Homeopatia

A homeopatia é um método terapêutico que consiste em dar ao indivíduo doente, em doses muito reduzidas ou até infinitesimais, a substância que provoca, em fortes doses, numa pessoa saudável, sintomas comparáveis aos do doente. Por conseguinte, aplica o princípio designado por «de similitude».

As suas regras são simples:

Qualquer substância activa sobre o funcionamento do corpo humano provoca no indivíduo saudável e sensível um conjunto de sintomas característicos dessa substância.

Exemplo: o café provoca uma aceleração do ritmo cardíaco (taquicardia), um aumento da eliminação da urina e uma excitação nervosa com insónia e hipersensibilidade a todos os estímulos. Estes sinais, facilmente observáveis, chamam-se sintomas.

Ora, qualquer indivíduo doente apresenta um conjunto de sintomas característicos da sua doença.

Exemplo: um sujeito fatigado devido a um excesso de trabalho intelectual apresenta um estado de excitação com insónia mantida por um fluxo de pensamentos, tendência para a euforia e hipersensibilidade muito forte aos barulhos, à luz e ao mero contacto. Tem uma frequente tendência para a taquicardia.

A cura deste sujeito, demonstrada pelo desaparecimento dos sintomas, pode ser obtida pela ingestão, em doses reduzidas ou infinitesimais, da substância cujos sintomas experimentais no indivíduo saudável são semelhantes aos do doente. Deste modo, o remédio Coffea 7CH (café muito diluído) deve melhorar ou curar este paciente.

A homeopatia só pode ser plenamente apreendida se levarmos em conta o princípio de similitude acima explicado. Porque este método implica, além disso, o conhecimento pormenorizado de todos os sintomas e das modalidades de vida de um indivíduo para se poder escolher os remédios certos que serão, de facto, verdadeiros reguladores das nossas funções celulares.

Para ser bem praticada, a homeopatia deve, portanto, ser uma verdadeira medicina da pessoa humana sempre considerada na sua globalidade.

Homeopatia e prevenção

Qualquer pessoa que se interesse por este formidável método acaba, portanto, sozinha ou com o auxílio de um médico, por saber determinar os poucos remédios que correspondem às reacções habituais do seu corpo e às manifestações do seu espírito.

Estes remédios são capazes de reequilibrar as grandes funções do corpo, harmonizar os nossos metabolismos e, portanto, desempenhar um papel preventivo muito eficaz. Desde há dois séculos que gerações de médicos afinam a sua técnica e observam a sua eficácia.

É provável que o «segredo» da homeopatia resida, por um lado, na capacidade dos remédios para modular e estimular as nossas defesas imunitárias e, por outro, para intervir nas trocas de informação que se produzem em cada fracção de segundo entre as nossas milhões de células. Tudo se passa como se os produtos homeopáticos bem escolhidos em função de um temperamento (fala-se de «tipologia») tivessem a capacidade de repor ordem em circuitos deteriorados ou queimados a fim de auxiliar a auto-reparação das nossas células e órgãos.

Por conseguinte, possuímos um sistema de prevenção de incrível subtileza, que intervém muito antes de se produzirem desordens graves e até incuráveis. Ainda muito pouco utilizada, a homeopatia vai adquirindo, a pouco e pouco, o estatuto de ciência cujos desenvolvimentos futuros poderão modificar profundamente a prática médica.

Deve acrescentar-se que esta acção só se exerce plenamente no quadro de uma boa higiene de vida.

Os meios de PREVENÇÃO

Acupunctura

Por simplificação, designa-se por «acupunctura», no Ocidente, uma prática que comporta duas técnicas sempre complementares: a picada e o aquecimento de certos pontos do corpo.

A acupunctura é, portanto, uma técnica de tratamento que utiliza, por um lado, finas agulhas de metal (geralmente de aço) para picar certos pontos particulares da pele e, por outro, cigarros de artemísia (planta muito comum) com extremidade incandescente para aquecer esses mesmos pontos. Este último método chama-se cauterização.

As agulhas ficam espetadas entre quinze e sessenta minutos. Durante as cauterizações, os pontos são aquecidos até que se sinta uma ligeira sensação de ardor.

Por vezes, estimula-se manualmente as agulhas, que são viradas na pele, ou com a ajuda de uma fraca corrente eléctrica.

Transmitida pela tradição chinesa que a criou, estudada e aperfeiçoada desde há milénios, a acupunctura é muito mais do que uma simples técnica médica entre outras. É a expressão de uma certa representação do mundo, do universo e do nosso lugar neste universo. No Extremo Oriente, a acupunctura nunca é uma prática isolada. Muito pelo contrário, inscreve-se num todo formado pela «medicina chinesa tradicional» e que comporta 5 níveis.

Nível 1: utilização da Energia primordial
Nível 2: utilização da dietética e da higiene
Nível 3: utilização de medicamentos
Nível 4: utilização da acupunctura e das cauterizações
Nível 5: utilização da cirurgia

Na concepção oriental, a qualidade destas técnicas decresce do nível 1 ao nível 5.

A medicina chinesa pretende intervir sobre a energia. Este conceito, muito difícil de perceber se nos mantivermos no plano da ciência ocidental e, ao mesmo tempo, muito familiar se nos lembrarmos da nossa experiência quotidiana (sinto quando tenho falta de energia ou quando tenho energia a mais), explica, neste sistema, todas as patologias que se classificam em dois grandes grupos: as que correspondem a um excesso e as que correspondem a uma falta.

A energia circula permanentemente no nosso corpo através de

vias naturais, determináveis, segundo modalidades que variam com os acontecimentos da nossa vida e com o estado do nosso ambiente.

O objectivo da utilização das agulhas e das cauterizações consiste, portanto, em mobilizar esta energia para estabelecer um estado de equilíbrio harmonioso entre os seus fluxos e refluxos nas diferentes partes do corpo, libertando as zonas que têm excesso energia e alimentando as zonas deficientes.

Para dar a compreender esta prática, a melhor comparação que se pode estabelecer é a de uma rede hidrológica. Se virmos a energia como água, tudo se passa como se o nosso corpo fosse percorrido em todas as suas dimensões por um sistema muito complexo e elaborado de rios e canais, cuja função seria conduzir esta energia a cada uma das nossas células. Em todas estas vias fluidas há numerosas «represas» ou comportas de débito que permitem regular os fluxos de circulação.

Os pontos de acupunctura e de cauterização representariam os acessos a esses órgãos de controlo.

Contrariamente à medicina ocidental, toda a medicina chinesa é, acima de tudo, uma medicina preventiva. Esta noção é de tal modo forte na Ásia que a tradição antiga exigia que os médicos chineses mantivessem os seus pacientes de boa saúde, e estes deixavam de lhes pagar quando adoeciam. Certos médicos de personagens célebres pagaram mesmo com a vida por não terem tido sucesso neste trabalho por vezes arriscado, sobretudo se o cliente não respeitasse os conselhos e as medicações propostas!

Por ter praticado esta medicina durante vinte e cinco anos, estou convicto de que deveria ser ensinada nas faculdades e exercida quotidianamente em todos os consultórios médicos, tanto em aplicações preventivas como curativas. Permitiria uma notável economia de medicamentos e evitaria geralmente o aparecimentos de doenças graves.

Os médicos que praticam a acupunctura são cada vez mais numerosos em França. São também muito bem formados e competentes. Portanto, hoje é mais fácil recorrer a eles para nos mantermos saudáveis.

Nutriterapia

A nutriterapia é uma técnica que utiliza com fins preventivos ou terapêuticos os micronutrientes, cuja maioria está permanentemente

Os meios de PREVENÇÃO

presente nas nossas células onde desempenham o papel de catalisadores de reacções químicas ou de antioxidantes.

O seu objectivo é restabelecer, orientar ou potencializar as grandes reacções do metabolismo celular.

Os micronutrientes dividem-se em três grupos:
– os oligo-elementos;
– as vitaminas
– os antioxidantes.

A descrição pormenorizada destes micronutrientes encontra-se no capítulo sobre a alimentação (cf. p. 23).

Nutriterapia e prevenção

Deve-se ao doutor Ménétrier a intuição geral de ter proposto, em 1946, a utilização dos oligo-elementos para tratar numerosas doenças designadas por «funcionais», numa época em que se sabia muito pouco acerca dos seus mecanismos de acção. Não há dúvida de que Gabriel Bertrand já tinha demonstrado há cinquenta anos (em 1896) o papel de co-catalisador do manganésio e, nos anos seguintes, o de outros metais, mas a investigação não prosseguiu devido à dificuldade de seguir o devir real destes elementos na célula, onde se encontram em tão pequenas quantidades que os Anglo-Saxónicos lhes chamaram *trace elements* («elementos-traço ou no estado de vestígios»)!

Na mesma altura, no final da Segunda Guerra Mundial, em 1945, Jacques Monod, que, trinta anos depois, receberia o prémio Nobel de medicina e fisiologia, defendia uma tese revolucionária para a época sobre um mecanismo enzimático (o fenómeno de diauxia), chamando assim a atenção para a importância da pesquisa sobre as enzimas para se compreender os mecanismos da vida.

Considerando que perturbações da catálise enzimática podiam estar envolvidas em numerosas doenças antes de os órgãos serem duradouramente alterados (daí o termo «funcionais»), o doutor Ménétrier pensou utilizar pequenas quantidades de manganésio, cobre, zinco, cobalto, ouro e prata para recuperar metabolismos deficientes. Embora as bases fundamentais de um tal trabalho estivessem ainda longe de ser claras por causa das enormes zonas de sombra que envolviam a própria noção de «oligo-elementos catalíticos», a aplicação terapêutica mostrou-se eficaz e os resultados clínicos confirmam a ideia inovadora.

Durante mais de trinta anos, centenas de milhares de pessoas trataram-se com sucesso, através de automedicação ou sob controlo médico, com a ajuda de algumas gotas destes preparados simples e de perfeita inocuidade, tanto para prevenir como para tratar afecções ORL (rinites, rinofaringites, otites, anginas), alergias, problemas reumáticos, engorduramentos vasculares e depressões.

Actualmente, os progressos muito rápidos dos conhecimentos sobre os mecanismos de funcionamento dos micronutrientes permitem ver estes produtos como componentes essenciais da medicina preventiva do futuro.

Tratamento de fundo para uma vida harmoniosa e uma velhice bem conservada

A nutriterapia encontra a sua melhor aplicação na harmonização de todas as nossas funções ao longo da vida e na «prevenção» do envelhecimento. Embora este seja inevitável por ser geneticamente programado, o consumo regular de micronutrientes é indicado para se chegar sem problemas a uma idade avançada, conservando boas capacidades físicas e psíquicas.

Sem cair nos excessos americanos que preconizam o consumo quotidiano de enormes doses de dezenas de produtos geralmente de origem química, é sensato propor o consumo alternado de 3 ou 4 micronutrientes diários a partir dos cinquenta anos de idade.

Os produtos mais interessantes são os que têm uma acção antioxidante (vitaminas C, A, E e os oligo-elementos, como o selénio, ferro, manganésio, cobre e zinco), assim como o magnésio pela sua acção sobre o funcionamento muscular e o cálcio que desempenha um papel fundamental de mensageiro intracelular.

Na prática, podemos organizar consumos de três ou quatro produtos, alternados todos os meses:
  – vitamina C (na forma de acerola) + selénio + manganésio + magnésio no primeiro mês;
  – vitamina A (na forma de â caroteno) + ferro + manganésio + cálcio no segundo mês;
  – vitamina E (na forma de gérmen de trigo) + cobre + zinco no terceiro mês.
  – Interrupção no quarto mês.
  – Depois, retomar um ciclo de três meses.

Os meios de PREVENÇÃO

Ao fim de um ano, é sensato mudar as associações de produtos e, eventualmente, acrescentar outros produtos mais específicos aos problemas que se podem manifestar.

Dosagens

As quantidades propostas em baixo levam em conta aquilo que é fornecido pela alimentação. As doses indicadas correspondem à dos complementos alimentares que se encontram no mercado.

A **vitamina C** pode ser tomada na forma de acerola (pequena cereja silvestre da América do Sul, muito rica nesta vitamina) à razão de 2 comprimidos ou gélulas de 500 mg. Esta dose corresponde então a 170 mg de vitamina C pura, o que cobre largamente as necessidades quotidianas. A vitamina C nunca é tóxica, mas para além destas doses, o excesso é eliminado por via renal nas urinas. Deve observar-se que a taxa de vitamina C na acerola não pode ultrapassar os 17 %. Quando a concentração anunciada supera este valor, significa que houve um acréscimo de vitamina C sintética.

A **vitamina E** deve ser tomada na forma de gérmen de trigo, cujos óleos contêm 175 mg por 100 g. Duas colheres de sopa fornecem 20 mg. Há outras apresentações deste complemento alimentar – gélulas, comprimidos ou cápsulas moles. A dose máxima autorizada é de 40 mg por dia. É sensato tomar 10 a 20 mg.

A **vitamina A** é um medicamento cujos riscos, em caso de sobredosagem, são importantes. Por isso, não pode ser tomada de forma pura, mas apenas na forma dos seus precursores, os carotenos, que não apresentam qualquer perigo. A tomar na forma de... cenouras ou de comprimidos vendidos na farmácia. Os carotenos são aconselhados à razão de 2 mg por dia em qualquer apresentação.

O **selénio** pode ser tomado em doses que não devem exceder 50 γg por dia; por exemplo, na forma de «levedura com selénio» que contém selenometionina muito assimilável. Pode encontrar-se gélulas desta especialidade nas lojas de dietética e nas farmácias. No entanto, deve notar-se que as nozes do Brasil fornecem grande quantidade deste oligo-elemento: uma só noz pode conter até 60 γg. Do mesmo modo, um rim de vitelo pode conter 40 γg.

O **manganésio** pode ser tomado à razão de 2 a 3 mg por dia na forma de comprimidos ou gélulas que contêm gliconato de manganésio. É particularmente pouco tóxico e não apresenta qualquer risco de sobredosagem.

O **cobre** pode ser tomado numa dose de 1 a 2 mg por dia na forma de comprimidos ou gélulas que contêm gliconato de cobre.

O **ferro** só é bem assimilado se for ingerido na forma de ferro hemínico, ou seja, ligado à hemoglobina contida nos glóbulos vermelhos. O único produto que o fornece nesta forma natural é o «Oligoforme Fer», que, à razão de 2 comprimidos por dia, permite a assimilação quotidiana de 1 mg. No plano alimentar, um suplemento fisiológico em ferro passa então preferencialmente pela absorção de alimentos ricos em sangue como a carne vermelha ou a morcela, o que levanta um problema dietético.

O **zinco** pode ser tomado numa dose de 5 a 10 mg por dia na forma de comprimidos ou gélulas que contêm gliconato de zinco.

O **magnésio** pode ser tomado à razão de 200 mg por dia na forma de citrato de magnésio, o sal melhor absorvido pelo intestino. Pode também tomar-se comprimidos de litotâmnio, alga fossilizada extremamente rica neste elemento: 2 a 4 por dia.

O **cálcio** pode ser tomado à razão de 500 mg por dia na forma de carbonato ou citrato de magnésio, os sais melhor absorvidos pelo intestino. Também se pode tomar comprimidos de litotâmnio, alga fossilizada extremamente rica neste elemento que fornece, ao mesmo tempo, magnésio: 2 a 4 por dia.

Doenças que se pode prevenir

As alergias

As alergias são reacções anormais do nosso sistema imunitário a substâncias proteicas estranhas ao organismo.

Qualquer substância estranha de natureza proteica é normalmente identificada pelo nosso sistema de defesa e, a partir desse momento, controlada na imensa maioria dos casos. Por vezes, o controlo é excessivo e a resposta do organismo é exagerada relativamente à ameaça: observa-se então os sintomas da reacção alérgica constituídos por manifestações cutâneas, respiratórias, circulatórias ou gerais de diferente gravidade. As doenças ou síndromas correspondentes denominam-se: eczema, urticária, rinite alérgica, asma, diarreias e, nos casos muito graves, edema de Quincke (sufocação por edema da garganta) ou choque anafiláctico (paragem do sistema cardio-respiratório).

Os produtos que provocam esta resposta alérgica podem ser muito diversos: alimento, partícula em suspensão no ar, pólen, pêlo de animal, medicamento químico, ácaros, veneno de insectos. São designados por alergénicos.

O número de pessoas que apresentam respostas de tipo alérgico a certos produtos do ambiente está a aumentar em todo o mundo, mesmo nos países aparentemente protegidos.

Em relação à rinite alérgica (uma das suas manifestações é a famosa febre dos fenos), decerto a mais conhecida destas afecções, a prevalência (número de casos numa dada população) é de 7 % nas crianças, 15 % nos adolescentes e 31 % nos adultos.

Um recente estudo publicado pela célebre revista médica *Lancet* (2002), mostra que a Gronelândia não é poupada, ao passo que, por enquanto, escapa à poluição automóvel e industrial. Neste país, entre 1987 e 1998, a incidência da alergia duplicou na faixa etária dos 15-80 anos e quintuplicou em relação aos adolescentes de 15 a 19 anos. Não foi proposta qualquer explicação para este curioso fenómeno.

A rinite alérgica

Geralmente designada por febre dos fenos porque aparece de preferência nos meses de Maio e Junho, esta afecção inflamatória da mucosa do nariz traduz-se, quando moderada, por uma obstrução nasal, um corrimento quase permanente, espirros e pruridos. Se a indisposição for mais severa, pode observar-se perturbações do sono e um estado tão incómodo que provoca uma diminuição das actividades quotidianas, quer sejam escolares, profissionais, de lazer ou desportivas.

As partículas de pólens, que invadem o ar que respiramos em todas as estações, são os alergénicos responsáveis pelo aparecimento destas alergias.

Papel da poluição

O ozono e o dióxido de azoto, que são fortes poluentes industriais, modificam a proporção em água do muco respiratório (cf. pp. 45 e 46) e diminuem assim o nível de sensibilidade aos alergénicos aumentando a permeabilidade à sua penetração.

Por seu lado, as partículas diesel (resíduos da combustão do gasóleo) tornam o sistema imunitário mais sensível aos alergénicos.

A poluição desempenha então um papel agravante relativamente aos mecanismos naturais da alergia.

As alergias aos ácaros

São alergias respiratórias do tipo de tosses espasmódicas, rinites e até asma. Os responsáveis por estas alergias são os ácaros, pequenos insectos microscópicos, portanto invisíveis a olho nu, primos germanos das aranhas, que pululam no nosso ambiente. Calcula-se que haja pelo menos 500 000 espécies de ácaros no planeta.

Os ácaros proliferam no interior das casas e apartamentos, no pó doméstico, e contam-se 2000 a 15 000 por grama. Alimentam--se de resíduos de pele humana, que são eliminados à razão de 3 gramas por dia, principalmente na cama e, depois, em toda a casa pelas correntes de ar, e de fungos microscópicos.

Multiplicam-se muito rapidamente: uma fêmea pode pôr 25 a 50 ovos de três em três semanas.

Desenvolvem-se sobretudo nos produtos têxteis, colchas, tapetes, cortinas, tapeçarias, mobílias estofadas e num ambiente quente e húmido. Eliminá-los totalmente é quase impossível e são numerosos mesmo nas casas mais limpas. Assim, um bom aspirador permite eliminar apenas 5 a 10 % dos ácaros aninhados nos tapetes!

Os ácaros são alergénicos devido aos seus dejectos que continuam a provocar alergias após a morte do insecto.

As alergias alimentares

Muitos alimentos são responsáveis por este tipo de manifestações devido, geralmente, à presença de histamina.

Com efeito, certos alimentos contêm muita histamina: os queijos (roquefort), as bebidas fermentadas (cerveja), o chucrute, os espinafres, o tomate, os peixes gordos (todos os peixes de pele azulada, como o atum, sardinha, anchova, salmão, enguia, arenque, cavala), os moluscos e crustáceos e o salpicão.

Outros agem provocando a libertação pelo corpo de quantidades anormalmente elevadas de histamina: bebidas alcoólicas (sobretudo os licores, o *gin*, a aguardente), o ananás fresco, as claras do ovo, os amendoins, o chocolate, os citrinos (laranja, limão, tangerina, pamplumossa), os camarões, os morangos são os principais constituintes deste grupo.

A tiramina é também uma molécula frequentemente responsável por alergias alimentares. Encontramo-la sobretudo no chocolate, em alguns queijos (*camembert, gruyère, brie, cheddar, emmenthal,* parmesão, *roquefort, mozzarella*), peixes (caviar, atum, arenque), certas carnes (caça decomposta, salame, salsichas fermentadas) e nas uvas.

Os conservantes, edulcorantes e outros corantes estão geralmente implicados: o glutamato (atenção aos restaurantes chineses!) que provoca dores de cabeça, comichões em todo o corpo e irritações localizadas no peito e no pescoço, é mais espectacular do que perigoso, os sulfitos (E210, E211, E223 e E250 dos rótulos alimentares), os nitratos, a tartrazina (E102), o amarelo sol (E110), o amaranto (E123).

Esta lista, infelizmente, não é exaustiva. Na prática, é difícil determinar o alergénico realmente em causa.

Na maioria dos casos, o corpo responde através de perturbações digestivas (diarreias), urticária e raramente um edema de Quincke (inchação da garganta e obstrução do tracto aerodigestivo com sufocação).

Hereditariedade

Quanto se é descendente de pais alérgicos, há riscos de também vir a sê-lo. Trata-se de uma dedução clínica que pode ser feita por qualquer médico de clínica geral. No entanto, os seus marcadores genéticos ainda não foram claramente identificados.

A prevenção das alergias

As alergias respiratórias

Mais uma vez, o tabaco deve ser responsabilizado. Quer seja activo ou passivo, o tabagismo é um factor que origina, mantém e agrava a alergia respiratória.

Noutro registo, deve considerar-se as infecções ligeiras da infância como aliadas. Com efeito, desempenham um papel positivo na prevenção das alergias. Foi possível observar que, entre os 0 e os 5 anos, uma criança apresenta uma infecção por semana, muitas vezes não visível. Isto significa que o seu organismo está em contacto com um micróbio e que aproveita a ocasião para estruturar o seu sistema imunitário. Durante estas infecções, o sistema imunitário é orientado para uma protecção face às alergias.

A prova clínica desta maturação no bom sentido foi observada comparando crianças filhos únicos e crianças criadas em famílias numerosas. Nestas últimas, há menos alergias devido à maior frequência de infecções por causa da contaminação familiar.

Na prática, deve-se portanto reabilitar as pequenas infecções virais e bacterianas da infância como meio de prevenção das alergias.

Luta contra os ácaros

Trata-se de um domínio em que a prevenção pode ser muito eficaz. Sendo impossível a eliminação dos ácaros, as medidas a tomar visam tentar diminuir o seu número impedindo-os de se multiplicar e reduzindo-lhes os recursos alimentares.

_____ Doenças que se pode PREVENIR

Todos os cantos da casa devem ser objecto de uma atenção particular, mas o quarto e, sobretudo, a cama, que são o seu principal nicho ecológico, devem ser considerados em primeiro lugar.

Para o quarto, é sempre preferível escolher uma divisão soalheira e arejada. Com efeito, os ácaros resistem mal aos raios ultravioleta e o sol é, para eles, um forte inimigo.

A humidade, que favorece a multiplicação dos ácaros, não deve ultrapassar 40 a 50 %.

Os termoventiladores são contra-indicados porque, ao agitar o ar, espalham as poeiras por toda a divisão, que deve ser arejada todos os dias deixando entrar o sol.

Uma aspiração diária das poeiras do chão é desejável, assim como a utilização de um pano húmido para a limpeza dos móveis. É importante que utilize sacos aspiradores especiais que permitam reter mais de 99,9 % das partículas de 30 mícrons (1 mícron = 1 milésimo de milímetro).

As camas devem ser arejadas todos os dias.

A presença de animais domésticos favorece a multiplicação dos ácaros, por isso é necessário impedir que os animais entrem nas camas. Apesar de uma prática muito generalizada, um animal de companhia, cão ou gato, não deve, por razões de higiene elementar, estar no quarto nem na cama do dono. A cama de um cão deve estar fora de casa, o que corresponde à sua vida normal.

Para controlar a eficácia das medidas de prevenção, há testes disponíveis na farmácia para avaliar a quantidade de ácaros nas poeiras.

A cama deve ser objecto de uma atenção particular. São recomendados estrados em ripas de madeira e colchões e almofadas em tecidos sintéticos. Os colchões de penas devem ser banidos. Os cobertores devem ser lavados de três em três meses com água quente (mais de 55°) e toda a roupa da cama deve ser desinfectada com uma solução especial capaz de destruir grande número de ácaros, os ovos, os fungos microscópicos e desnaturar as proteínas alergénicas contidas nos dejectos.

É preferível cobrir os colchões, almofadas, travesseiros e edredões com um plástico hermético.

Deve reduzir-se as cortinas ao mínimo, pois retêm a poeira e, por isso, os alergénicos. Para fazer ou comprar cortinas, escolher de preferência algodão ou um tecido sintético facilmente lavável.

Na luta contra os ácaros, o solo ideal deveria ser feito de uma substância muito facilmente lavável: mosaico ou madeira envernizada. Os tapetes devem ser proscritos. Embora sejam menos contaminados do que a roupa de cama, favorecem a multiplicação dos ácaros em períodos muito húmidos. Por isso, devem ser tratados com as mesmas soluções desinfectantes usadas para a roupa de cama.

Deve preferir-se armários fechados em vez de prateleiras ao ar livre. Com efeito, convém arrumar todos os livros e bibelôs que retêm o pó, assim como as roupas, sobretudo se forem de pele. Deve igualmente lembrar-se de que as roupas transportam alergénicos exteriores à casa, como os pêlos de animais.

Os bonecos de pelúcia devem ser lavados todos os meses, à mão ou na máquina, porque não se pode utilizar soluções desinfectantes devido ao risco de toxicidade quanto a criança os leva à boca.

A sala de estar, lugar de passagem de estranhos à casa, abriga todos os alergénicos importados. É também o local onde costumam estar os animais domésticos que, de preferência, devem sempre ser excluídos, principalmente os pássaros em gaiola, fonte importante de alergias.

Na sala, encontramos frequentemente plantas de interior nas quais se pode desenvolver fungos que devem ser eliminados.

A cozinha é muitas vezes contaminada por fungos e ácaros conhecidos por «de armazém» que proliferam nos detritos alimentares. Por conseguinte, deve dar-se particular atenção ao asseio e à desinfecção do caixote do lixo e limpar frequentemente a bancada da cozinha e os armários que contêm alimentos.

A casa de banho é um local favorável à proliferação de fungos e geralmente uma fonte de humidade para o quarto devido à sua proximidade. Portanto, é necessário ter o cuidado de se fechar sempre a porta de comunicação com o quarto e arejar a divisão sistematicamente após cada banho ou duche. Se o chão estiver coberto por uma alcatifa, deve absolutamente suprimi-la. Os tapetes de banho devem ser lavados frequentemente e a desinfecção de todos os recantos deve ser efectuada todos os meses.

As zonas de serviço, lavandaria e garagem, são geralmente húmidas e favorecem o desenvolvimento de fungos. Para lutar contra estes hóspedes indesejáveis, pode pintar-se o chão e as paredes com uma tinta antifúngica. Também é recomendado secar a roupa no exterior ou num secador eléctrico. Por último, evitar qualquer armazenamento de roupas velhas e, particularmente, peles velhas que depressa se cobrem de fungos microscópicos em lugares pouco arejados.

Os aparelhos de ar condicionado devem ser frequentemente desinfectados porque são veículos muito eficazes de poeiras e, por isso, de ácaros.

O jardim é uma importante fonte de alergénicos para as pessoas sensíveis. Elimine as folhas secas queimando-as. Não faça pilhas de estrume, onde pulula uma fauna microscópica muito alergizante. Lembre-se que o corte da relva liberta e espalha numerosos pólens. Evite ter árvores muito próximas da casa e ainda mais as plantas trepadoras ao longo das paredes.

As alergias alimentares

A primeira medida preventiva urgente consiste em referenciar os alimentos ou os produtos em causa e bani-los da alimentação. Os meios gerais de prevenção indicados mais abaixo poderão então ser aplicados para uma modificação do terreno.

Podemos agora tentar fazer mais e melhor. Estudos recentes demonstraram que o melhor meio de prevenção das alergias alimentares diz respeito ao bebé. Com efeito, ao contrário do que se passa com as infecções por alergia respiratória, podemos ajudar a criança a orientar o seu sistema de defesas escolhendo-lhe os alimentos e, sobretudo, adiando o seu contacto com os alimentos que podem ser alergizantes. Efectivamente, parece que um recém-nascido é mais facilmente sensibilizável do que uma criança mais velha.

O corolário imediato desta conclusão é aconselhar ainda mais vivamente o regresso ao aleitamento materno pelo menos até aos seis meses, o que, decerto, não criará alergias. Deve começar-se por dar alimentos seleccionados a partir dos seis meses na forma de legumes, frutos, carne e arroz. A introdução de novos produtos deve ser feita à unidade para detectar uma eventual sensibilidade e segundo uma hierarquia que começa a ser conhecida pelos pediatras. Estas disposições já permitiram reduzir ou retardar alergias alimentares e eczemas em recém-nascidos de pais alérgicos.

Medidas preventivas globais

A nutriterapia

Visa essencialmente o controlo dos radicais livres gerados pela inflamação e que agridem as defesas imunitárias já em dificuldade com os alergénicos. Portanto, recomenda-se que se utilize os micronutrientes disponíveis para reforçar as defesas anti-radiculares das células. Todos estes produtos devem ser tomados associados em 2 ou 3, em alternância, durante várias semanas.

O protocolo proposto na página 82 é o mesmo que pode ser aqui utilizado.

A acupunctura

Pode ser particularmente eficaz na prevenção das alergias. Uma ou duas sessões por mês para restabelecer o equilíbrio energético dão geralmente resultados espectaculares se o médico for competente.

A homeopatia

Prática rainha da prevenção, também tem aqui lugar, mas exige a intervenção de um médico experiente que possa prescrever os remédios de terreno correspondentes a cada pessoa. Em todos os casos, o tratamento será longo, de dois a cinco anos, mas os resultados são geralmente bons. Deste modo, pelo menos 80 % das rinites alérgicas do tipo da febre dos fenos podem ser considerável e duradouramente melhoradas em três anos.

Enquanto espera a consulta de um bom homeopata, certos remédios podem ser utilizados como automedicação.

Assim, no início de crises de alergia respiratória, dois remédios podem ser úteis: Histaminum 7 CH e Poumon Histamine 9 CH, 1 grânulo de cada, todos os quartos de hora até apresentar melhoras.

A artrose

A artrose é o nome genérico por que são designadas as doenças crónicas que provocam uma degenerescência da cartilagem articular, sem infecção nem inflamação específica.

Esta degenerescência leva à destruição mais ou menos rápida da cartilagem que reveste a extremidade dos ossos e é acompanhada por uma proliferação óssea debaixo desta. É a doença articular mais frequente.

Em Janeiro de 2000, a década 2000-2010 foi oficialmente baptizada como «a década dos ossos e das articulações» sob a égide das Nações Unidas e da Organização Mundial de Saúde, que testemunha uma tomada de consciência da importância das afecções do aparelho locomotor em que a artrose tem um lugar preponderante, pois é a causa predominante da morbidade osteo-articular em todas as populações.

A idade, o sexo e o tipo humano são indicadores eficazes do risco de se ser afectado pela doença. Relativamente rara antes dos 30 anos, a sua prevalência é mais considerável no homem do que na mulher até aos 45 anos, para se tornar equivalente entre os 45 e os 55 anos. Após os 55 anos, a artrose das mãos e dos joelhos é mais comum na mulher, tal como a extensão poliarticular, enquanto a coxartria parece mais frequente no homem.

A prevalência da artrose das mãos ultrapassa os 80 % após os 75 anos para depois estabilizar.

A frequência das afecções das mãos, dos joelhos e das ancas é similar nas populações europeia e americana, mas esta última atinge menos os Negros americanos e as populações da Ásia Oriental.

Na próxima década, a artrose do joelho será a quarta causa de invalidez na mulher e a oitava no homem.

A prevenção da artrose

A prevenção da artrose deve começar muito cedo na vida. Esta doença é, aliás, um excelente exemplo dos benefícios obtidos pela prevenção para evitar o desenvolvimento de uma patologia.

Desde há cinquenta anos, graças a um simples gesto efectuado à nascença dos bebés (a manobra de Ortolani), é possível detectar uma malformação óssea hereditária que, dantes, provocava inevitavelmente uma artrose precoce da anca. Uma vez realizado o diagnóstico, basta colocar fraldas no bebé em adução (coxas viradas para fora) para que seja afastado qualquer risco ulterior.

Na infância e adolescência, as epifisites de crescimento são afecções que causam muito frequentemente a artrose na idade adulta. São indolores e invisíveis na radiografia durante a infância e, por isso, passam geralmente despercebidas. As suas principais causas são o desporto e, sobretudo, a ginástica desportiva praticada numa idade muito jovem. As raparigas são particularmente atingidas e correm o risco de ter graves problemas lombares muito cedo na vida.

A prevenção passa pela recusa da competição antes do fim do crescimento, que é o contrário da prática quotidiana. Um treino intensivo destinado a fazer de uma criança um futuro campeão é desastroso para o seu organismo.

No jovem adulto, sendo a artrose uma doença em parte reaccional, ligada às agressões articulares sofridas durante a vida, deve considerar-se o excesso de peso como uma agressão permanente feita a numerosas articulações, principalmente as dos membros inferiores e da coluna lombar.

A perda de peso é, portanto, um dos melhores meios de prevenção. Deste modo, uma perda de 5 quilos reduz para metade o risco de artrose.

Na mesma ordem de ideias, deve evitar-se transportar coisas pesadas, a bicicleta de todo o terreno e os desportos de contacto.

Todos os acidentes, quer sejam de trabalho, desportivos ou domésticos, são riscos importantes. Serão a causa da artrose dos 50.

No entanto, em todos os casos, a prática do exercício físico deve ser encorajada, mesmo em caso de princípio de artrose do joelho ou da anca. Com efeito, o recondicionamento muscular, ao melhorar o fluxo sanguíneo no interior da articulação, contribui para a auto--reparação, aumenta a mobilidade, reduz a dor e a impotência e melhora os níveis de actividade física e social dos sujeitos afectados.

A marcha, a bicicleta, incluindo a bicicleta ou a ginástica em ginásio fazem parte dos programas que devem ser seguidos.

A fitoterapia

O doutor Jean Valnet recomenda um grande número de plantas para prevenir e tratar a artrose. Nunca é de mais recomendar às pessoas de risco, após traumatismos ou abusos, que utilizem as infusões ou decocções que ele preconiza. Destas, podemos destacar:
– a filipêndula (a folha e a flor);
– o freixo (a folha);
– a esteva (as cabeças floridas com as folhas);
– a bardana (as raízes frescas em decocção).

Estas tisanas devem ser tomadas à razão de 2 a 3 chávenas ao dia, vários meses por ano.

Uma planta da Namíbia, o arpagófito ou garra-do-diabo, tem uma clara acção anti-inflamatória e contribui para a reconstrução da cartilagem. A dose diária é de 450 mg de extracto duas vezes ao dia na forma de comprimidos ou gélulas (escolher um produto que garanta 1 a 2 % de arpagósidos).

A nutriterapia

Dois constituintes importantes da cartilagem foram identificados e são propostos a título preventivo e curativo. Trata-se da glicosamina e da condroítina sulfato que ajudam na reconstrução da cartilagem e têm também um efeito anti-inflamatório.

Estes produtos podem ser consumidos na sua forma elementar ou contidos em pó de cartilagem. Com efeito, encontra-se no comércio complementos alimentares que contêm cartilagem de diferentes peixes (raia, tubarão). A dose útil é de 250 a 500 mg por dia.

Os antioxidantes também têm efeitos preventivos. O protocolo proposto na p. 82 é então indicado.

A prevenção dos agravamentos

A evolução da artrose é irregular e dá-se por acessos congestivos cujo primeiro sinal é a acumulação de líquido na articulação. Este acesso está ligado a lesões da cartilagem.

Para evitar um agravamento, deve deixar-se cicatrizar a ferida da cartilagem, ou seja, colocar a articulação em repouso. Por isso, é preciso convencer as pessoas com acessos congestivos para que reduzam tanto quanto possível os movimentos da articulação por todos os meios, incluindo a utilização de canadianas.

Os cancros

Não há *um* cancro, mas *vários* cancros. No entanto, em todos os casos, um cancro tem origem em perturbações maiores numa das células ou num pequeno grupo de células do organismo que adquirem então propriedades particulares e um funcionamento incompatível com as outras células do organismo.

Num primeiro momento, devido a modificações ao nível do genoma que representa o computador central da célula, esta pode agora multiplicar-se sem limites, tornando-se insensível ao controlo normalmente exercido pelas células contíguas.

Por conseguinte, num segundo momento, ela vai, de forma mais ou menos rápida, formar uma acumulação celular capaz de crescer de forma anárquica em todas as direcções para invadir os tecidos e órgãos circundantes perturbando assim o seu normal funcionamento.

Por fim, esta crescente acumulação torna-se um tumor eventualmente detectável à palpação e algumas células cancerosas podem então separar-se para ir, por via sanguínea, colonizar à distância outros órgãos e implantar novos tumores designados por «metástases».

Os sinais de alarme

- Um volume que subsiste em qualquer zona do corpo, mas particularmente ao nível de um seio;
- uma ferida que não sara;
- uma hemorragia anormal, vaginal, urinária, bocal, nasal, subcutânea;
- um sinal que muda de forma, de dimensão ou de cor;
- uma rouquidão ou tosse persistente;
- uma perturbação do trânsito intestinal, quer se trate de uma diarreia persistente ou de uma prisão de ventre que se tornou recentemente crónica;
- uma perda de peso inexplicável.

Prevenção dos cancros

Muitos cancros podem ser evitados. Os especialistas da prevenção publicaram um regulamento simples que, se fosse respeitado, permitiria a diminuição significativa do número destas doenças. As regras essenciais podem ser resumidas como se segue:
- *Não fume.* Se nunca fumou, que é o caso dos jovens, não comece a fumar por curiosidade ou para fazer «como os outros». Se fuma, pare de fumar o mais depressa possível mesmo que seja difícil e, entretanto, tente poupar os outros ao seu fumo. O tabagismo passivo também provoca cancros! (cf. pp. 40 ss).
- *Beba menos bebidas alcoólicas.* Quer se trate de cerveja, vinho ou outros álcoois, a tendência é sempre para beber demasiado. Deve ser vigilante no dia-a-dia, para limitar o consumo de álcool. (cf. pp. 59 ss).
- *Coma mais frutos e vegetais.* O ideal seria comer diariamente várias e variadas porções destes alimentos, pois fornecem-nos oligo-elementos, vitaminas e antioxidantes em diversidade e em quantidade, todos eles factores de equilíbrio para os nossos metabolismos.
Em Novembro de 2002, o professor Serge Hercberg, fundador e responsável do projecto SUVIMAX [estudo da acção dos

suplementos vitamínicos e minerais antioxidantes], que avaliou durante oito anos as relações da saúde dos Franceses com o seu consumo em frutos e legumes e com um suplemento em micronutrientes, anunciou: «Poderíamos reduzir de 60 000 a 100 000 casos os 240 000 novos casos de cancros que surgem todos os anos em França se a população francesa aceitasse comer pelo menos 5 porções contendo 5 tipos de frutos e legumes todos os dias.» Hoje, 60 % dos Franceses comem menos de três tipos de frutos e legumes por dia.
— *Coma mais alimentos ricos em fibras.* As fibras são constituintes não digeríveis dos vegetais que desempenham um claro papel na prevenção dos cancros do intestino.
— *Combata o excesso de peso.* O excesso de peso e a obesidade são causas muito importantes de numerosos problemas e estão singularmente relacionados com um aumento dos cancros. O exercício físico e uma alimentação mais equilibrada (cf. p. 37), principalmente menos rica em matérias gordas, permitem geralmente atingir o peso correcto.
— *Evite a exposição excessiva ao sol.* O sol é sobretudo agressivo para a pele, na qual pode provocar melanomas, cancros pigmentados particularmente temíveis. Segundo a cor da pele (que corresponde à quantidade de melanina que contém), cada indivíduo é mais ou menos sensível ao calor do sol. As peles mais claras são as mais fortemente agredidas e devem ser muito protegidas.
— *Evite todas as substâncias consideradas cancerígenas e classificadas como tais.* Com efeito, um cancro só surge, geralmente, após uma utilização prolongada destes produtos que, no quotidiano, parecem inofensivos.

O cancro, caso a caso

Os estudos dos factores de risco e sobre a prevenção são cada vez mais numerosos. Cada tipo de cancro será, portanto, evocado com as respectivas recomendações particulares, de acordo com estudos prospectivos realizados sobre grande número de casos. A maioria destes trabalhos foi efectuada nos Estados Unidos, mas a Europa começa a recuperar o seu atraso em matéria de epidemiologia. Contudo, ainda há muito que fazer!

As taxas de incidência representadas pelos novos casos durante um determinado período serão sempre expressas por 100 000 pessoas e por ano.

Os cancros ginecológicos
Cancro da mama

Foi particularmente estudado devido à sua frequência. Com efeito, representa o primeiro cancro na mulher. Uma em cada dez mulheres tem, teve ou terá um cancro da mama! Por conseguinte, trata-se de um importante problema de saúde pública.

O seu prognóstico melhorou com o tempo, mas a taxa de cura a dez anos continua na ordem dos 50 % se considerarmos todas as fases de diagnóstico. Em contrapartida, quando o tumor é diagnosticado precocemente e os gânglios linfáticos da axila não foram invadidos, o risco de recaída nos dez anos seguintes não ultrapassa os 20 %.

Factores de risco: as causas destacadas em numerosos estudos são as seguintes:

- a idade: uma idade superior a 50 anos multiplica o risco por 6;
- as mulheres obesas têm mais cancros da mama. Este facto parece ligar-se a um fornecimento energético demasiado grande em gorduras animais;
- as mulheres vegetarianas, pelo contrário, estão muito protegidas. O grupo anterior tem certamente carência de frutos e legumes;
- o consumo excessivo de bebidas alcoólicas destaca-se como factor muito importante;
- as primeiras menstruações precoces e uma menopausa tardia aumentam o risco. Isto deve-se provavelmente ao aumento da impregnação estrogénica;
- a gravidez e o aleitamento têm um papel muito protector, sobretudo antes dos 35 anos. Verifica-se, aliás, uma frequência acrescida deste tumor nas mulheres religiosas;
- o papel do TSH (tratamento substitutivo hormonal) a partir da menopausa foi amplamente estudado, mas os resultados são muitas vezes contraditórios. No entanto, as análises efectuadas comparando numerosos estudos permitem perceber uma tendência clara: o risco de cancro da mama aumenta bastante pela utilização do TSH e tanto mais quanto mais prolongado

for esse tratamento. Este aumento do risco desaparece quase completamente após o fim do TSH.

O papel da hereditariedade é relativamente fraco, embora reconhecido por todos os epidemiologistas. Uma mulher em cada 200 na população saudável apresenta um factor genético de predisposição. Neste caso, admite-se que as mulheres cuja mãe foi afectada têm um risco multiplicado por 3 ou 4 (sobretudo se o cancro apareceu antes dos 40 anos) e aquelas cuja mãe e uma irmã foram atingidas, um risco multiplicado por 7.

É provável que os avanços da genética permitam nos anos vindouros detectar as mulheres que apresentem tal predisposição.

Prevenção: a forma mais importante e fácil de utilizar diz respeito à alimentação. Sem se exigir que todas as mulheres se tornem vegetarianas para diminuir o risco, podemos aconselhá-las a aumentar especialmente o número de legumes e frutos nas suas refeições e diminuir a quantidade de gorduras.

Um grande consumo em precursores da vitamina A (carotenos) parece igualmente protector.

Para despistar o cancro da mama no seu início, proceder todos os meses a uma palpação dos seios utilizando um creme para tornar o toque mais sensível. Qualquer anomalia deve ser rapidamente comunicada a um médico. Após os 50 anos de idade, é indispensável uma mamografia anual.

Cancro do útero
Deve distinguir-se duas localizações deste cancro, muito diferentes no que respeita aos seus factores de risco e prognósticos.

Cancro do colo uterino
O cancro do colo uterino surge no quinto lugar dos cancros femininos e no segundo lugar dos cancros ginecológicos. Muito raro antes dos 20 anos, a sua frequência aumenta até aos 50 anos de idade e depois estabiliza.

O seu prognóstico é temível se não for despistado muito precocemente, porque os tratamentos propostos são então pouco eficazes.

O esfregaço vaginal sistemático é a única forma de o diagnosticar, pois nenhum sintoma clínico o manifesta antes de uma fase muito avançada.

Factores de risco: os factores de risco identificados são os seguintes:

- uma família de vírus, os papilomavírus, cuja presença está geralmente associada à do cancro;
- relações sexuais precoces e multiplicidade de parceiros;
- a má higiene ao nível dos órgãos genitais da mulher e do seu parceiro;
- o tabaco, por intermédio de um derivado da nicotina encontrado nas secreções do colo do útero, apresenta um risco relativamente baixo;
- a pílula contraceptiva (à base de hormonas) é muito geralmente apontada como um dos factores de risco, sobretudo se começou a ser utilizada muito cedo na adolescência, mas isso parece em contradição com o facto de o cancro não depender de hormonas.

Nenhuma prova de origem genética foi registada.

A prevenção: a prevenção assenta, em primeiro lugar, na aplicação de uma higiene rigorosa que permite uma protecção contra as doenças sexualmente transmissíveis e na educação do comportamento sexual dos adolescentes.

Estas duas medidas, relativamente seguidas nos países desenvolvidos, permitiram uma regressão da mortalidade.

Cancro do corpo uterino

A incidência deste cancro na Europa ronda os 15 por 100 000. Em importância, é o terceiro cancro da mulher. É muito raro antes dos 35 anos de idade e afecta sobretudo a mulher mais velha.

Factores de risco: os seus factores de risco são muito diferentes do cancro anterior. Entre estes, destaca-se:
- a obesidade, sobretudo da parte superior do corpo;
- o excesso de consumo de carnes, ovos, feijões brancos, açúcares de forte índice glicémico (cf. p. 122) e gorduras;
- a utilização apenas de estrógenos como TSH a partir da menopausa que multiplica o risco por 4 ou 5;
- o facto de não ter engravidado e idade tardia da menopausa.

O factor hereditário é considerado certo. Associações familiares de cancro do endométrio e do cólon são há muito conhecidas.

A prevenção: as medidas de prevenção decorrem logicamente dos factores de risco. Deve aconselhar-se:
- uma alimentação rica em legumes e frutos frescos, pão integral e massas;

— um reequilíbrio do tratamento hormonal com consumo de progestativos para compensar a acção dos estrógenos.

Cancro do ovário

Tem um prognóstico temível, porque o seu diagnóstico é geralmente tardio. A sobrevivência a cinco anos é de 50 a 70 % para as fases precoces e apenas de 30 % para as fases mais evoluídas.

A incidência deste cancro é de 10 por 100 000. Aumenta com a idade para atingir um máximo entre os 65 e os 70 anos. Durante a vida, uma mulher em cada 70 será afectada por esta doença.

Factores de risco: o único factor de risco conhecido é a estimulação ovária nos tratamentos de esterilidade ou após uma longa contracepção hormonal que bloqueou a ovulação. No entanto, sendo a infertilidade também um factor de risco, é difícil ter uma opinião definitiva.

Em contrapartida, as gravidezes, o aleitamento e os contraceptivos orais, três situações em que a ovulação é momentaneamente bloqueada, estão associados a uma diminuição do risco.

Factores genéticos poderão estar implicados em 5 % dos cancros do ovário. Há genes que sofreram mutações que, quando presentes, provocam cancros em 40 % dos casos.

A prevenção: é difícil porque não se pode isolar uma população em risco. Pratica-se uma ablação cirúrgica dos ovários em caso de quistos; todas as mulheres na menopausa devem fazer uma histerectomia (ablação do útero), assim como as mulheres consideradas de alto risco genético. No entanto, nestas últimas, mesma na ausência de ovário, pode ainda desenvolver-se um cancro do peritoneu!

Os cancros urológicos

Cancro da próstata

Muito frequente no homem de idade, o cancro da próstata tornou-se, devido ao envelhecimento da população, um dos principais problemas de saúde pública.

Segundo cancro do homem pela sua frequência e mortalidade, sabe-se que está relacionado com as hormonas andróginas. Na Europa, a sua incidência é de 50 por 100 000.

Atinge um terço dos homens com mais de 70 anos e metade dos homens com mais de 80.

Factores de risco: não são conhecidos factores exactos que favoreçam este tipo de cancro. No entanto, em certos estudos foi evocado o papel das carnes vermelhas e das gorduras. Um estudo recente (2001) efectuado nos Estados Unidos sobre 20 885 médicos seguidos desde 1982 (com 1012 casos de cancro da próstata diagnosticados) fornece um grande contributo para a associação entre o cancro da próstata e o excesso de cálcio alimentar proveniente do leite desnatado. A hipótese proposta sugere uma redução da vitamina D3 devido ao excesso de cálcio capaz de inibir a produção desta vitamina. Com efeito, sabe-se que, no animal, a administração desta hormona ou dos seus análogos está associada à redução dos tumores do cólon e da próstata.

O papel de um alimento industrialmente transformado (o leite) é, também aqui, destacado numa doença grave. Este estudo levanta numerosos problemas porque o leite desnatado é utilizado como aditivo em muitos preparos alimentares.

Há uma predisposição genética hereditária. Cerca de 15 % dos homens portadores deste cancro têm um ascendente de primeiro grau (pai ou irmão) que apresenta a mesma doença. Nestes casos, o cancro surge mais cedo, por volta dos 50 anos ou até antes.

A prevenção: a prevenção primária deve levar em conta os trabalhos acima citados e propor uma redução do consumo de cálcio lácteo. A prevenção secundária deve colocar o acento na despistagem anual, a partir dos 60 anos, que associa o toque rectal e a medição dos PSA (Protein Specific Antigen) no sangue.

Cancro da bexiga
Três vezes mais frequente no homem do que na mulher, surge em 80 % dos casos após os 60 anos. É um cancro grave quanto ao prognóstico. A incidência desta doença apresenta variações muito consideráveis, indo de 4 por 100 000 na Índia até 25 a 30 nos Estados Unidos e na Europa. É o quarto por ordem de frequência no homem e o oitavo na mulher.

A taxa de mortalidade aumenta com a idade: passa de 1 por 100 000 aos 45 anos para 1 por 1000 aos 80 anos.

Factores de risco: o seu aparecimento é directamente influenciado pelo tabagismo devido aos produtos cancerígenos dissolvidos no sangue por ocasião da inalação do fumo. Isto mostra bem que o tabaco não é apenas nocivo para os tecidos directamente expostos como a boca, a faringe, a laringe e os pulmões, mas também para todos os tecidos do organismo devido à difusão sanguínea dos seus venenos.

Destaca-se também como factores favoráveis: a bilharziose, doença parasitária tropical que afecta e enfraquece a mucosa vesical, e a fenacetina, droga medicamentosa analgésica que hoje está proibida em França.

Por último, deve assinalar-se o risco profissional: registaram-se numerosas substâncias industriais responsáveis por 27 % dos casos. As principais são as aminas aromáticas que se encontram na indústria química, as dos produtos corantes e dos pigmentos, na indústria farmacêutica, nos laboratórios de análises, na indústria da borracha e das matérias plásticas, nos fabricantes de tinta de impressão, nas fábricas de explosivos e de munições. Deve citar-se também o alcatrão e fuligens derivados da combustão do carvão que se encontram, sobretudo, nas fábricas de alumínio, nas carvoarias, nas fábricas a gás, na siderurgia, nas fundições e também nos trabalhos de limpeza de chaminés, na manutenção de caldeiras e, por vezes, nas oficinas gráficas e nas oficinas de automóveis.

A hereditariedade não parece estar envolvida. São raras as histórias familiares de cancro da bexiga e há uma susceptibilidade individual nos sujeitos fumadores.

A prevenção: a luta contra o tabagismo é a medida mais eficaz.

Cancro dos rins
Representa 2 % dos cancros com uma frequência mais marcada a partir dos 70 anos. A incidência, em França, é de 12 por 100 000 no homem e 5 na mulher.

Factores de risco: o papel do tabaco é agora um factor conhecido. A obesidade também é um factor frequentemente encontrado, mais marcado na mulher. A hipertensão também é considerada uma causa favorável.

Encontra-se uma participação familiar em 4 % dos casos. Três formas hereditárias foram descritas cujos marcadores genéticos são conhecidos.

A prevenção: passa pela supressão do tabaco, pela eliminação de qualquer intoxicação e uma alimentação baseada em frutos e legumes frescos.

Cancro dos testículos

Trata-se de um cancro relativamente raro, do indivíduo jovem, e de bom prognóstico após ablação cirúrgica. No entanto, a sua frequência está em aumento constante a nível mundial.

Representa 1 a 2 % dos cancros. Na faixa etária dos 15 aos 35 anos, é o mais frequente de todos os tumores malignos. A sua incidência, em França, é de 6 por 100 000.

Factores de risco: a criptorquidia (o testículo não desceu para a bolsa) é um factor de risco unanimemente reconhecido.

O papel da hereditariedade não é negligenciável. Há vários casos de cancros testiculares no seio de uma mesma família.

A *prevenção*: o abaixamento do testículo para a posição normal é a regra. Mas não há qualquer medida de prevenção para a maioria dos casos em que os testículos estão na posição normal.

Os cancros das vias respiratórias

Cancro do pulmão

Este temível cancro, para o qual se obtém, com todas as terapêuticas, apenas entre 5 e 10 % de curas definitivas, é o que mais progrediu durante os últimos vinte anos, particularmente entre as mulheres. Este facto está directamente relacionado com o seu principal factor de risco que é o tabagismo em claro aumento nas mulheres!

O fumo do tabaco (cf. pp. 42-43), que contém numerosos hidrocarbonetos cancerígenos, age directamente sobre o tecido pulmonar e também através dos produtos agressivos dissolvidos no sangue que chegam aos pulmões.

Primeiro cancro no mundo, atinge, em 92 % dos casos, fumadores ou antigos fumadores que deixaram o tabaco há menos de dez anos sem recaídas intermitentes!

Um grande estudo epidemiológico sobre o cancro broncopulmonar, realizado em França em 2000, confirma a ligação muito forte com o tabagismo mesmo dez anos depois de se ter deixado de fumar. 148 serviços de pneumologia colaboraram nesta investigação. No período de um ano, 5667 novos casos foram recenseados (cerca de um quarto da incidência anual em França). No momento do diagnóstico, a idade média é de 64 anos, mas a pirâmide das idades tende a alargar. Os pacientes têm entre 27 e 96 anos, 33 % têm mais de 70 anos, 15 % menos de 55 e 1,6 % menos de 40. As mulheres estão pouco representadas nos escalões etários extremos.

_____ Doenças que se pode PREVENIR

O papel do tabagismo é evidente uma vez que 40 % dos doentes são antigos fumadores e 52 % são fumadores activos. Deixar de fumar reduz o risco, mas de forma muito lenta, porque 40 % dos antigos fumadores tinham deixado de fumar há mais de dez anos.

O aparecimento dos primeiros sintomas (tosse, expectoração, emagrecimento, dor torácica) é demasiado tardio relativamente ao início insidioso da doença. Isto implica um diagnóstico tardio e uma impossibilidade de intervenção cirúrgica em 77 % dos casos.

O estudo conclui na urgência de promover o abandono do tabagismo (cf. p. 56) o mais cedo possível na vida e de assegurar uma prevenção primária pela educação das crianças, que se sabe que começam a fumar cada vez mais cedo.

Outros factores de risco: um consumo rico em gorduras pode ser um factor favorável à doença.

O rádon, um gás raro emitido por várias indústrias, foi apontado como um dos factores de risco, ao ponto de uma recente regulamentação (1998) ter estabelecido as suas concentrações aceitáveis na atmosfera.

Por último, a exposição às poeiras de rádio e de pecheblenda (minério de urânio) também pode ser um factor favorável.

A hereditariedade pode desempenhar um papel nesta doença. Com efeito, só se observa cancro do pulmão em 10 % dos fumadores. Isto significa que há uma importante susceptibilidade individual, e estão a realizar-se numerosos estudos para individualizar os genes responsáveis.

A prevenção: só a luta contra o tabagismo é eficaz.

Cancro da boca, da faringe e da laringe
Os cancros das vias respiratórias e digestivas superiores são de uma gravidade particular por várias razões: porque se localizam na proximidade do tracto das vias aerodigestivas e têm, portanto, repercussão sobre as funções essenciais que são a respiração, a deglutição e a comunicação; porque uma segunda localização existe em quase 25 % dos casos; porque são tumores dotados de grande malignidade local e regional por intermédio das vias linfáticas; porque surgem geralmente em terrenos alterados (fumadores e alcoólicos).

Representam 10 % dos tumores malignos do homem e 2 % dos da mulher.

A sobrevivência, em todos as fases, não excede os 50 %.

Factores de risco: o fumo do tabaco está identificado como o principal factor de risco, mas as bebidas alcoólicas desempenham um papel altamente favorável. A associação das duas drogas multiplica o risco.

A hereditariedade também é apontada como factor de risco. Vários estudos descreveram uma participação do gene P53, bem conhecido no domínio da carcinogénese.

A prevenção: os esforços de prevenção devem concentrar-se no tabagismo e no alcoolismo, tanto mais que estes cancros manifestam um forte aumento no homem e na mulher.

Os cancros das vias digestivas

Cancro do esófago

Este cancro representa a quinta causa de morte por cancro no homem. O seu prognóstico é, na maioria dos casos, desfavorável.

A incidência anual é de 4800 casos em França e aumenta com a idade. O homem é dez vezes mais afectado do que a mulher.

Factores de risco: tal como em relação aos cancros anteriores, os dois principais factores de risco são o tabagismo e o alcoolismo. O consumo de 25 cigarros por dia multiplica o risco por 6. O consumo de 200 g de álcool multiplica o risco por 4. Estes dois factores são, além disso, sinérgicos.

A França detém o triste recorde do mundo em relação aos cancros do esófago no homem, que também aumentam visivelmente na mulher.

A hereditariedade parece não ter responsabilidades. Nenhuma forma familiar foi descrita.

A prevenção: os esforços de prevenção devem concentrar-se, em primeiro lugar, no tabagismo e no alcoolismo.

Preconiza-se também um regime suplementar em legumes e frutos frescos que forneçam bastante vitamina C e vitamina A ou os seus precursores.

Por fim, um estudo americano realizado sobre 600 000 pessoas regista um efeito protector do consumo de aspirina e anti-inflamatórios não esteróides.

Cancro do estômago

A diminuição significativa, desde há vários anos, deste cancro nos países desenvolvidos é a ilustração dos resultados obtidos pela prevenção através da higiene alimentar.

_____ Doenças que se pode PREVENIR

Melhores técnicas de conservação dos alimentos, nomeadamente a utilização da cadeia do frio que permite prevenir a invasão microbiana, a redução do consumo de produtos salgados que contêm, devido ao sal, nitratos e nitritos capazes de se transformar em nitrosaminas cancerígenas e uma alimentação mais equilibrada desempenharam um papel fulcral nesta evolução.

Grandes esforços de pesquisa estão ainda por realizar, uma vez que, em França, este cancro provoca a morte de 10 000 pessoas por ano, embora seja um país de baixo risco. Em contrapartida, este tumor situa-se no segundo lugar no mundo depois do cancro do pulmão.

Factores de risco: estudos muito pertinentes realizados sobre populações de países de alto risco como o Japão, que emigram para países de baixo risco como os Estados Unidos, mostraram que a incidência deste cancro se aproxima da dos países de acolhimento a partir da segunda geração. Isto sugere fortemente a participação de factores ambientais e culturais, em especial o papel da alimentação.

De facto, os alimentos salgados ou fumados desempenham um papel favorável à doença, tal como o consumo exagerado de açúcar ou feculentos.

A infecção pela *Helicobacter pyroli*, bactéria responsável por uma doença do estômago com gastrite e úlcera, pode provocar uma incidência quatro vezes mais elevada do risco.

Por último, o consumo de nitritos acima evocado está igualmente associado a uma forte incidência deste cancro.

Parece haver uma susceptibilidade genética. De acordo com os estudos, os casos familiares constituem 1 a 15 % dos cancros do estômago. A família Bonaparte é um célebre exemplo deste facto.

A prevenção: o papel protector de uma dieta rica em legumes e frutos frescos, que fornecem bastante vitamina C e vitamina A ou os seus precursores, é agora bem conhecido.

Estão a ser realizados estudos para avaliar os efeitos da erradicação da *Helicobacter pylori*.

Cancro do cólon e do recto
A França é uma região de elevado risco para estes cancros. O seu prognóstico é mau porque o diagnóstico é geralmente tardio. O tratamento é cirúrgico. A sobrevivência a cinco anos estagna nos 40 %.

Um francês em cada vinte e cinco será afectado por este cancro.

A incidência aumenta entre os 40 e 45 anos, atingindo o seu máximo entre os 50 e os 70 anos.

Factores de risco: contrariamente ao precedente, estes dois cancros estão a aumentar tanto nos homens como nas mulheres.

Os factores de risco são os seguintes: o tabaco, cuja influência, segundo os estudos mais recentes, parece prolongar-se durante muito tempo após o abandono do consumo da droga; a ingestão de gorduras que intervêm, por um lado, ao facilitar a invasão microbiana e, por outro, aumentando a concentração de ácidos biliares no intestino, que podem ser transformados em produtos cancerígenos pela acção dos microorganismos intestinais; um regime pobre em fibras, especialmente uma falta de celulose fornecida pelos legumes e de pectina fornecida pelos frutos. Este regime carenciado provoca um abrandamento do trânsito intestinal, uma redução do volume fecal por reabsorção da água: deste modo, aumenta a concentração e a acção das substâncias cancerígenas normalmente provenientes da alimentação.

O papel da hereditariedade é patente. As formas familiares destes cancros são estimadas em 10 % dos casos.

A prevenção: os conselhos de prevenção são simples: mais uma vez, eliminar o tabaco; dar preferência a um regime pouco gordo (não mais de 32 % de gorduras no regime quotidiano habitual (cf. p. 32) e aumentar a ingestão de fibras consumindo boas quantidades de legumes e frutos frescos.

A análise de sangue nas fezes (hemocultura) e a radiografia do cólon são vivamente aconselhadas após os 50 anos.

Cancro do fígado

Muito frequente na África e na Ásia (dez a trinta vezes mais do que na Europa), desenvolve-se geralmente na sequência de uma cirrose provocada pelo vírus da hepatite B.

Representa 1 % do total dos cancros. É mais frequente no homem com idade superior a 45 anos.

Factores de risco: contrariamente ao que se pensava há cerca de cinquenta anos, este cancro particularmente grave é mais frequente nos alcoólicos que desenvolvem uma cirrose. Intervém em 80 % dos casos num fígado cirroso, e 40 % das cirroses, contando com todas as etiologias, agravam-se mais tarde ou mais cedo num cancro do fígado.

Doenças que se pode PREVENIR

As hepatites virais B e C são igualmente factores favoráveis à doença.

Por último, é conhecido o papel de certos factores tóxicos muito cancerígenos que se deve evitar: os nitritos e nitratos presentes nas águas e nos legumes e que se transformam em nitrosaminas no intestino; a aflatoxina, presente nomeadamente nos amendoins, directamente cancerígena sobre o tecido hepático e bem conhecida por ter causado uma verdadeira epidemia de cancro do fígado no Senegal; por fim, o arsénico e o cloreto de vinilo.

Não há informações acerca de um factor hereditário.

A prevenção: a luta contra o alcoolismo faz parte das medidas de prevenção.

Vacinas e medidas profiláticas contra as hepatites B e C são também meios de se precaver.

Em África, a protecção relativamente às aflatoxinas é fundamental.

Cancro do pâncreas

Doença grave, o cancro do pâncreas está a aumentar nos países desenvolvidos.

Representa pouco mais de 2 % dos cancros. A incidência da mortalidade é muito forte.

Factores de risco: o alcoolismo, que provoca uma pancreatite crónica, representa o principal factor de risco. Numerosos estudos apontam também o tabaco como causa da doença.

Um recente estudo americano realizado sobre 80 000 enfermeiros sugere que um excesso de insulina pode favorecer o aparecimento deste cancro. Esta observação implica como conselho de prevenção a diminuição do consumo de alimentos que produzam esta hormona. Os alimentos ricos em glicose e, em especial, os ricos em amido como o arroz, o pão e as massas alimentícias devem portanto ser reduzidos.

Do mesmo modo, a diabetes é um factor de risco tanto mais elevado quanto mais longo for o passado do diabético.

O factor hereditário é digno de nota. Várias doenças genéticas apresentam uma elevada incidência de cancro do pâncreas.

A prevenção: um regime rico em frutos e legumes frescos que fornece micronutrientes antioxidantes é protector.

A luta contra o tabagismo e contra o alcoolismo são os outros dois vectores da prevenção.

Os cancros da pele

São os cancros mais frequentes. Distinguem-se os cancros basocelulares, espinocelulares e os melanomas. Só estes últimos são graves e de prognóstico reservado se a sua exérese for feita demasiado tarde.

Os basocelulares representam 20 % de todos os cancros. São lesões puramente locais que nunca se expandem, mas que apresentam uma extensão permanente na ausência de tratamento.

Os espinocelulares representam 5 % de todos os cancros. Surgem geralmente sobre lesões preexistentes. Na maioria dos casos, têm uma malignidade local, mas podem estender-se ao gânglio linfático regional.

Os melanomas representam 1 a 2 % de todos os cancros. Aparecem geralmente sobre uma pele saudável, por vezes sobre os sinais. O seu poder de expansão é muito forte.

Factores de risco: os cancros da pele e, especialmente, o mais grave deles, o melanoma, são directamente influenciados pelos raios ultravioleta provenientes do sol. A este respeito, os seres humanos não nascem iguais e, segundo o tipo da sua pigmentação cutânea, devem proteger-se mais ou menos dos raios solares. Considera-se hoje que cada pessoa possui «um capital horário» de exposição possível que não deve ultrapassar.

Outras radiações, felizmente mais raras, são também factores de risco: as radiações ionizantes, nomeadamente as provenientes da radioterapia ou as recebidas por irradiação acidental profissional.

Certas lesões pré-cancerosas como as queratoses ou alguns sinais devem ser atentamente vigiadas.

Segundo os critérios acima descritos, a cor da pele, dos cabelos e dos olhos, tal como a capacidade de se bronzear são factores de riscos hereditários. Deste modo, as pessoas louras de olhos azuis têm um risco elevado.

Também se conhece várias doenças genéticas associadas a cancros cutâneos.

A prevenção: passa pelo tratamento de todas as lesões cutâneas suspeitas e pela protecção dos raios solares. Esta pode ser assegurada pelo uso de roupas adaptadas a cada situação ou pela utilização de cremes solares cujas qualidades devem ser verificadas.

Doenças que se pode PREVENIR

O cancro da tiróide

Cancro pouco frequente, é duas a quatro vezes mais frequente na mulher.

A sua incidência mundial está compreendida entre 1,2 e 2,6 por 100 000 no homem e 2 a 3,8 na mulher.

Factores de risco: a exposição às radiações ionizantes durante a infância é o factor mais bem documentado no aparecimento de um cancro da tiróide. Na Rússia, após o acidente de Chernobil em 1986, a incidência do cancro da tiróide nas regiões próximas do local da catástrofe, nas crianças com menos de 15 anos, foi multiplicada por 100!

A ligação a uma carência em iodo parece igualmente demonstrada.

Certas doenças genéticas raras são acompanhadas por uma frequência elevada de cancros da tiróide.

A prevenção: proteger-se das radiações ionizantes não é acessível a todos! No entanto, pode-se, a título preventivo, em caso de acidente do tipo de Chernobil, tomar comprimidos de iodo para bloquear a entrada de iodo radioactivo na tiróide. Nas proximidades das centrais nucleares, já foram distribuídos produtos deste tipo.

No quotidiano, deve evitar-se as carências em iodo aumentando o consumo de produtos do mar. Os comprimidos de algas são, neste caso, muito úteis, a não ser que o indivíduo já sofra de hipo ou hipertireoidismo, caso em que poderiam aumentar os problemas relacionados com a tiróide. Estes comprimidos devem ser tomados durante um mês todos os três meses, sobretudo pelas populações que vivem longe das costas.

As doenças cardiovasculares

As doenças cardiovasculares resultam de lesões das artérias de grande, médio ou pequeno calibre que irrigam todo o organismo. Trata-se de uma acumulação lenta e progressiva de depósitos designados por depósitos de ateroma na parede destes vasos que se entopem assim progressivamente, levando a um estado de aterosclerose.

Ateroma e hipertensão

O aumento das placas de ateroma em extensão e em espessura provoca, a pouco e pouco, uma obstrução das artérias, que abranda o fluxo sanguíneo e diminui a oxigenação dos tecidos irrigados pelo sangue. Quando o vaso fica completamente entupido, apesar do desenvolvimento compensatório de uma circulação colateral, uma parte dos tecidos, muito pouco oxigenada, vai sofrer e corre o risco de se necrosar (é o caso do enfarte do miocárdio que corresponde à obstrução de uma artéria coronária que alimenta o coração).

A redução do calibre da artéria está ligada ao aumento da sua rigidez, que é um dos factores de aparecimento da hipertensão, contribuindo assim para a degradação da parede da artéria.

Esta hipertensão corresponde a uma pressão demasiado elevada do sangue nas artérias. Esta pressão é medida e traduz-se em dois valores: a pressão sistólica, que corresponde à pressão de expulsão do sangue pelo coração, e a pressão diastólica, que corresponde à pressão residual no sistema arterial quando o coração está em relaxamento, em repouso.

A pressão arterial sistólica normal varia entre 110 e 130 mm de mercúrio e a pressão diastólica normal entre 70 e 85. No entanto, estes valores podem variar em função da actividade e aumentar com a idade.

As placas de ateroma podem, por fim, sofrer fissuras e depois fragmentar-se e, arrastadas pela corrente sanguínea, provocar embolias, especialmente no cérebro e nos membros inferiores.

Todas as artérias podem ser palco de um processo ateromatoso, mas certas localizações provocam doenças ou acidentes mais graves.

Artérias do coração

As artérias coronárias irrigam o coração e fornecem o oxigénio indispensável ao bom funcionamento deste músculo que bombeia o sangue para todo o organismo.

A obstrução parcial destas artérias pode provocar espasmos intermitentes que interrompem momentaneamente o fluxo sanguíneo e provocam dores chamadas «angina de peito». Estas crises, que podem surgir durante o repouso ou no momento de um esforço, são os sinais de alarme do início de uma doença.

Se a obstrução for total e duradoura, a zona de irrigação correspondente à artéria será privada de oxigénio (anoxia) e as suas células perecerão rapidamente. Trata-se então de um «enfarte do miocárdio».

_____ Doenças que se pode PREVENIR

Artérias do cérebro

A obstrução brutal de uma artéria do cérebro é responsável pelo mesmo fenómeno da anoxia do coração, mas, neste caso, falamos de um «amolecimento cerebral».

A artéria endurecida e entupida pode também romper-se, provocando uma hemorragia brutal e com as mesmas consequências anteriores.

Nestas duas situações, falamos de acidente vascular cerebral (AVC).

O ateroma pode ter efeitos mais insidiosos e mais progressivos e provocar, a partir dos 55 anos, uma regressão lenta e pouco perceptível, no início, das faculdades mentais. A atenção, a concentração e o poder de abstracção são alterados, as capacidades da memória diminuem e o juízo torna-se hesitante.

Calcula-se que 5 % dos sujeitos com mais de 55 anos sejam assim afectados por uma visível deterioração mental. Na faixa etária com mais de 80 anos, são 30 %.

A participação dos factores vasculares nesta doença, incluindo ateroma e hipertensão, é avaliada em 50 %.

Artérias dos rins

Os rins participam em grande parte na regulação da tensão arterial, mas o ateroma e a hipertensão podem danificá-los gravemente e levar progressivamente à insuficiência renal crónica.

Artérias das pernas

A obstrução das artérias das pernas é designada por arterite. Quando é apenas parcial, o andar torna-se cada vez mais difícil, surgem dores agudas que obrigam o indivíduo a fazer constantes paragens. Com o tempo, diminui o perímetro de marcha.

O agravamento da situação pode provocar a necrose dos dedos dos pés e, por via ascendente, do pé e da perna, e levar por vezes à amputação.

Prevenção das doenças cardiovasculares

Deixar de fumar é uma condição imperativa para que todas as outras medidas preventivas, tratamentos ou intervenções, possam ser seguidas de efeitos duradouros. Com efeito, a nicotina, pela sua acção sobre o sistema nervoso neurovegetativo, perturba gravemente a dinâmica das artérias.

Os fumadores, desde que estejam suficientemente motivados, devem recorrer a uma consulta hospitalar especializada.

A alimentação é primordial. Um consumo acrescido de frutos e legumes é decerto a primeira medida a propor para diminuir a incidência das doenças cardiovasculares. Sabemos hoje que estes alimentos fornecem fitomicronutrientes nos quais foi possível identificar numerosos produtos antioxidantes cujo papel protector é bem conhecido.

Um recente estudo americano (Maio de 2002) mostra que um aumento médio de 112 g da quantidade de frutos e legumes é capaz de baixar a tensão arterial de forma muito significativa (4 pontos em média para a tensão máxima e 1,5 pontos para a tensão mínima) após seis meses apenas com este regime. Os autores atribuem este efeito ao aumento do consumo de potássio (fornecido pelos legumes e frutos) e talvez à diminuição do consumo de sal.

De uma forma geral, o regime mediterrânico (cf. p. 37) é o mais eficaz para prevenir o risco cardiovascular.

As pessoas que têm uma forte hereditariedade neste domínio (avós, pais, irmãos ou irmãs, tios ou tias afectados por doenças cardiovasculares) devem ser particularmente vigilantes no respeito por este tipo de alimentação.

A obesidade é uma das causas da diabetes e das doenças cardiovasculares. A sua prevenção desde a mais tenra idade (cf. p. 150) tornou-se urgente na maioria dos países do mundo.

Atenção à diabetes: todas as suas maiores complicações (cf. p. 123) estão ligadas a problemas ateromatosos das artérias: rins, coração, olhos são os três órgãos mais geralmente afectados. A prevenção da diabetes (cf. p. 124) é uma das formas de prevenir as doenças cardiovasculares.

A recusa da sedentariedade é um dos principais elementos da higiene de vida.

Tal como todo o nosso corpo, os vasos sanguíneos precisam de movimento. A sedentariedade e a inactividade física são as principais causas das doenças ditas «de civilização».

Doenças que se pode PREVENIR

Os exercícios físicos agem directamente sobre a pressão das artérias que precisam destas alternâncias, mas também sobre todos os metabolismos celulares.

Saber evitar o *stress*. Tal como o tabaco, a que geralmente está associado, o *stress* tem uma acção negativa sobre o sistema neurovegetativo. Além disso, parece favorecer uma má distribuição da gordura de tipo andróide (em redor do estômago e do tórax) que está ligada a um risco cardiovascular acrescido.

O vinho tinto é aconselhado, mas com moderação. Os Franceses morrem menos do que os Ingleses com um consumo igual de gorduras saturadas. Este facto, que durante muito tempo intrigou os investigadores ingleses e americanos, levou ao célebre conceito do «paradoxo francês». O estudo da revista *Nature*, publicado em Dezembro de 2001, acabou por desvendar o mistério deste famoso paradoxo.

O responsável é realmente o vinho tinto, excluindo os vinhos brancos, palhetes ou sucos de uva. Os autores do estudo demonstraram, com efeito, através de testes em vinte e sete vinhos de várias regiões, que este produto fermentado das vinhas age por intermédio da sua concentração em polifenóis capazes de inibir a síntese da endotelina 1, potente vasoconstritor que desempenha um papel fundamental no desenvolvimento da doença vascular ateromatosa.

Este estudo fornece, portanto, os argumentos sólidos que se esperava para afirmar que um consumo moderado de vinho tinto (dois copos ao dia), já incluído no regime mediterrânico, pode contribuir para prevenir o aparecimento e desenvolvimento do ateroma.

O abuso do sal é perigoso. O sal, ou seja, o cloreto de sódio, $Na^+ Cl^-$, está presente em todo o corpo humano, principalmente no sangue e no líquido que envolve as células. É indispensável à vida, mas em pequena quantidade.

Um sistema de transporte muito elaborado, chamado bomba de sódio, permite a passagem do sódio (Na^+) do interior da célula para o exterior e vice-versa em relação com as transferências inversas de potássio (K^+). Por conseguinte, na célula, há maior concentração de potássio do que de sódio.

Estas trocas desempenham um papel essencial em múltiplas funções, especialmente, a absorção dos nutrientes pela célula, a eliminação dos seus resíduos, o controlo permanente do volume celular, a manutenção do pH e o controlo do potencial eléctrico através da membrana da célula. Os iões Na^+ são indispensáveis ao sistema nervoso e aos músculos porque contribuem para uma boa transmissão do influxo nervoso. A eliminação do sódio faz-se pelos rins e pelas urinas segundo um mecanismo finamente regulado.

O teor global do organismo em sal é de 150 a 180 g para um homem de 70 kg. O soro sanguíneo contém 8 g de sal por litro no estado de equilíbrio.

O metabolismo do sódio está muito ligado ao da água, que representa uma das condições de sobrevivência para o homem: sem água, nenhuma vida é possível para organismos com 75 % do seu peso neste elemento! A este respeito, o nosso corpo tem enormes possibilidades de adaptação relativamente a situações de carência. «Estamos super-equipados de meios para reter a água e o sal», afirma o professor Joël Ménard. Os rins, que dependem de uma regulação hormonal muito rigorosa, asseguram a salvaguarda da água e do sódio no organismo. Este sistema pode fazer face a todas as situações da vida em que as perdas de água podem engendrar um grave desequilíbrio, nomeadamente diarreias agudas, suores durante calores excessivos e problemas digestivos com vómitos.

No animal, a carência de sódio ou a perda de água leva a um comportamento compulsivo instintivo de procura e ingestão de sal. Mas o homem perdeu progressivamente este comportamento automático de adaptação, que foi substituído por uma atitude mais social relativamente ao salgado. Actualmente, já não é capaz de regular automaticamente o seu consumo de sal segundo as necessidades do corpo. Ele salga em função de um modelo que têm na memória e que deve ser fonte de prazer.

No caso de um excessivo consumo de sal, a hipertensão desenvolve-se como um meio suplementar de favorecer a excreção do sal, a custo de um risco para o coração e para os vasos sanguíneos.

Segundo Pierre Menneton, especialista em vigilância e epidemiologia nutricional e autor de um relatório que denuncia o «*lobby do sal*», 25 000 pessoas morrem todos os anos devido a um excesso de consumo de sódio, logo de sal, na sua maioria por causa de acidentes cardiovasculares.

O sal acrescentado durante as refeições representa apenas 20 % dos provimentos em sódio. O sal realmente ingerido provém maioritariamente dos próprios alimentos, especialmente do pão e das bolachas, charcutarias, sopas, queijos, *pizzas* e todos os pratos compostos.

Cada Francês ingere em média 4 kg de sal por ano, ou seja, quase duas vezes a dose limite fixada pela OMS!

Na sua intervenção, em Janeiro de 2001, por ocasião do colóquio internacional «Sal e Saúde», o ministro da Saúde francês, Bernard Kouchner, comprometeu-se a fazer reduzir 5 % ao ano o consumo de sal, de acordo com a recomendação da agência francesa de segurança sanitária dos alimentos (AFSSA). O objectivo é reduzir 20 % em cinco anos o consumo médio de sal dos Franceses, agindo sobre os alimentos que, como os produtos de padaria ou de charcutaria, são os principais responsáveis pelo consumo excessivo. Os industriais também se comprometeram imediatamente a respeitar estas recomendações.

No entanto, adivinha-se que o confronto será duro entre os responsáveis da saúde e os da indústria agro-alimentar, apesar das declarações apaziguadoras dos responsáveis desta indústria. Com efeito, o mesmo Pierre Menneton acima citado, numa entrevista concedida ao *Quotidien du médecin*, declarava em Janeiro de 2001: «Num país como a França, uma redução de 30 % do consumo de sal implicaria um prejuízo da ordem dos 6 mil milhões de euros para a indústria agro-alimentar.» Esta afirmação pode parecer surpreendente, mas explica-se pelo papel que o sal desempenha na estimulação do apetite e na incitação a comer mais. O que está em jogo em termos industriais é, portanto, comparável àquilo que opõe a saúde pública aos fabricantes de tabaco e de bebidas alcoólicas.

A aspirina

Numerosos estudos demonstraram a acção preventiva da aspirina no domínio cardiovascular. As doses quotidianas preconizadas são fracas: de 60 a 80 mg.

No entanto, deve consultar-se um especialista para adoptar esta prática.

Estar atento aos sinais de alarme

A prevenção dos acidentes vasculares cerebrais permitiria evitar grande número de hemiplegias que causam, quando se produzem, paralisias mais ou menos extensas e, frequentemente, perturbações na fala e na consciência.

Mais vale prevenir do que CURAR

Para isso, é necessário que toda a gente, a partir dos 50 anos, esteja atenta aos pequenos défices transitórios que se podem manifestar em qualquer momento do dia e que não são forçosamente inofensivos. Assim, se verificar que um objecto lhe cai das mãos e que, durante alguns segundos, fica sem reacção ou que as palavras lhe faltam subitamente como se tivesse uma pequena falha de consciência, não hesite em falar com o médico. Aquilo que pode parecer um incidente sem consequências, que se atribui à fadiga, excesso de trabalho ou à distracção, pode ser um dos primeiros sintomas de um problema arterial cerebral que pode ser tratado para prevenir o acidente vascular cerebral muito mais grave.

A fitoterapia

Além dos fitomicronutrientes incluídos nos vegetais cujo consumo já foi aconselhado, o doutor Valnet preconiza uma série de plantas que se devem tomar em decocção ou em infusão. Destas, destacamos:
– a fumária (toda a planta em infusão);
– a urtiga (as folhas e raízes em infusão);
– o espinheiro-alvar (as flores em infusão);
– a salva (as folhas e as flores misturadas em infusão);
– a celidónia (as folhas em infusão);
– a oliveira (folhas em infusão);
– a bétula (as folhas em infusão)

Estas infusões podem ser tomadas à razão de duas ou três chávenas por dia, em alternância, vários meses ao ano.

A homeopatia

Prática rainha da prevenção, também tem aqui lugar, mas exige a intervenção de um médico competente que saiba prescrever os remédios de terreno adequados a cada pessoa.

Nutriterapia

Um melhor controlo dos radicais livres (cf. pp. 173 ss), que aumentam sempre nestas doenças, pode ser realizado por um grupo de oligo-elementos e vitaminas associados nesta função.

Todos estes produtos devem ser tomados associados em dois ou três, em alternância, durante várias semanas segundo o protocolo proposto na p. 82.

A diabetes

Habitualmente usado para designar a «diabetes açucarada», o termo diabetes deriva de uma palavra grega que significa «passar ao lado». Com efeito, quando a glicose, principal açúcar do sangue, atinge uma concentração demasiado elevada, os rins deixam-na passar nas urinas, cujo sabor açucarado permitia, antigamente, aos médicos fazer o diagnóstico.

As investigações da medicina contemporânea dividiram esta «diabetes açucarada» em várias doenças em que a glicose não é a única responsável, pois os corpos gordos e a insulina também desempenham aqui papéis importantes.

Definição

A Organização Mundial de Saúde propõe uma definição simples: as diabetes são estados de hiperglicemia (aumento da taxa de glicose no sangue) crónica, causados por factores genéticos e exógenos que geralmente agem em conjunto.

É diabético qualquer sujeito que apresente, em jejum, uma taxa de glicose no sangue, chamada glicemia, igual ou superior a 1,26 g/l em duas análises efectuadas com quinze dias de intervalo e/ou uma glicemia em qualquer momento do dia superior a 2 g/l.

Controlos seguidos mostram depois a permanência desta elevação da glicemia.

Dois grandes tipos de diabetes açucarada

A diabetes não insulinodependente (D.N.I.D.)

A D.N.I.D. é uma doença de evolução lenta, progressiva, insidiosa e de forte participação hereditária que geralmente só se manifesta a partir dos 45-55 anos. De um modo geral, o tratamento não exige a utilização de insulina, o que explica a sua designação.

Em França, representa 85 % das diabetes. É a única cuja prevenção é possível no estado dos conhecimentos médicos actuais. É designada por diabetes de tipo 2 e é a única que desenvolveremos nesta obra.

A diabetes insulinodependente (D.I.D.)

A D.I.D. é uma doença que geralmente aparece de forma brutal, de evolução grave se não for tratada, e que exige sempre a utilização de insulina, daí o seu nome. A hereditariedade é muito menos frequente do que na D.N.I.D.

A D.I.D. manifesta-se geralmente em indivíduos jovens ou crianças. Representa, em França, 15 % das diabetes. É designada por diabetes de tipo 1.

As situações clínicas

Os sinais clínicos observados na diabetes de tipo 2 variam conforme os indivíduos e a duração da evolução. Distingue-se:

A diabetes patente não sintomática

A glicemia corresponde às normas já apresentadas e o paciente nunca manifesta qualquer sintoma. Esta situação frequente é muito prejudicial para a saúde do sujeito que desenvolve, silenciosamente, uma doença que ele ignora mas que, porém, ocasiona profundas perturbações podendo conduzir a graves complicações. Neste caso, a prevenção passa por uma despistagem muito precoce.

A diabetes patente sintomática

A glicemia corresponde às normas e o paciente apresenta sintomas de sede excessiva (polidipsia), urinação frequente (poliúria) e abundante, e anormais sensações de fome (polifagia).

Antes da diabetes

Intolerância à glicose

Os estudos dos últimos vinte anos demonstraram que a D.N.I.D. só aparece após muito tempo (dez a vinte anos) de perturbações silenciosas que constituem já uma doença. Durante este período, instala-se progressivamente um estado de má utilização da glicose pelas células a que se chama «intolerância à glicose». Ao mesmo tempo, observa-se um aumento da secreção de insulina, hormona pancreática necessária à absorção da glicose pelas células. Fala-se então de insulino-resistência. No entanto, a glicemia mantém-se normal graças ao poder de adaptação do organismo.

A D.N.I.D. patente assinala o estado de perda desta adaptação do sistema.

Este longo período de intolerância à glicose representa, portanto, o tempo durante o qual a prevenção será particularmente eficaz.

D.A.G. e síndrome X

D.A.G. é uma sigla que significa «distribuição andróide da gordura». Esta observação deve-se ao professor Jean Vague (de Marselha) que, desde 1947, diferencia dois tipos de obesidade: uma chamada «andróide», em que a massa adiposa se situa na sua maioria na parte superior do corpo e ao nível das vísceras, e a outra, «ginóide», em que a massa adiposa se situa na sua maioria na parte baixa do corpo, especialmente na região da pequena bacia e das nádegas. A D.A.G. é muito frequente nos homens e relativamente rara nas mulheres. Avalia-se muito simplesmente pela relação entre a altura e a espessura das ancas. Está associada a uma maior frequência da diabetes, da aterosclerose e do excesso de lípidos no sangue com, como corolário, um risco acrescido de doenças cardiovasculares.

Em 1990, o professor australiano Zimmet associou a esta predisposição a existência de uma insulino-resistência e baptizou o conjunto como «síndrome X». Procurar a D.A.G. e a síndrome X permite despistar sujeitos de alto risco de diabetes e complicações cardiovasculares antes que estas doenças se instalem.

Diabetes, uma doença complexa

A diabetes não é apenas a doença do metabolismo dos açúcares. As gorduras e lípidos do corpo desempenham aqui um papel importante, tal como os lípidos ingeridos na forma de manteiga, óleo e gorduras.

No entanto, tudo começa ao nível da glicose, que é a única molécula que o organismo sabe utilizar para produzir energia. Este açúcar simples, para penetrar na célula, necessita absolutamente da ajuda de uma hormona, a insulina, fabricada no pâncreas em pequenas acumulações celulares designadas por «ilhéus de Langerhans». Esta hormona fixa-se nos receptores da membrana, transmitindo à glicose uma autorização de penetração. Nos diabéticos, a transmissão desta informação é de má qualidade, o que causa um aumento da concentração de insulina no sangue para forçar as coisas e, ao mesmo tempo, uma diminuição dos receptores porque, já não sendo activados, a célula considera-os inúteis e já não os renova.

Outras hormonas participam conjuntamente nestas operações de produção de energia: o glicagon que contrabalança os efeitos da insulina; a amilina que coopera com ela, mas não ao nível do músculo;

o cortisol que facilita a libertação dos lípidos ao nível das células adiposas; a adrenalina que inibe a segregação de insulina e coopera com o cortisol.

O fígado desempenha um papel de regulação, por um lado, ao produzir uma pequena reserva de glicose na forma de glicogénio, longa molécula que é apenas um encadeamento de centenas de moléculas de glicose, e, por outro, ao produzir glicose em caso de necessidade a partir de moléculas tão diversas como o lactato, o piruvato, mas também o glicerol ou certos aminoácidos.

O músculo participa em todos estes ciclos já que é grande consumidor de glicose por razões energéticas evidentes: com efeito, assegura todos os movimentos do nosso corpo. Na síndrome de insulino-resistência que precede a diabetes, observa-se uma diminuição dos receptores de insulina nas células musculares, o que provoca um forte aumento da insulina no sangue, favorecendo a transformação dos açúcares excedentes em gordura nas células adiposas.

O tecido gordo (ou tecido adiposo) desempenha um papel de reservatório energético utilizável em período de carência, mas alteração dos hábitos alimentares nos países ricos em que o consumo é pletórico fez com que perdesse essa função. A sua participação nos mecanismos de desencadeamento e manutenção da diabetes é certamente grande, mas ainda pouco conhecida.

Diabetes e índice glicémico

Todos os açúcares, desde os mais simples até aos mais complexos, para serem assimilados pelas células, são transformados num açúcar elementar: a glicose. Esta encontra-se permanentemente no sangue. A concentração mensurável da glicose no sangue designa-se por glicemia. Esta é cerca de 1 g/l em condições normais.

A penetração da glicose nas células necessita, como dissemos, da presença de uma hormona segregada pelo pâncreas: a insulina.

Cada alimento, de acordo com o tipo de açúcar que contém, possui um poder diferente de fazer aumentar a glicemia e de segregar a insulina. Por isso, atribui-se a cada alimento um valor chamado «índice glicémico».

Se tomarmos como referência a glicose (o açúcar mais estimulante relativamente ao pâncreas), a que se atribui o índice 100, podemos calcular para cada alimento um valor expresso em percentagem relativamente à glicose. A título de exemplos, indicamos aqui os índices glicémicos de vários produtos.

Alimentos de elevado índice glicémico

Batata no forno (95), pão muito alvo (95), puré de batata (90), mel (90), uvas (85), cenoura cozida (85), açúcar branco (75), pão alvo (70), cereais açucarados (70), barra de chocolate (70), batata cozida (70), bolacha (70), milho (70), arroz branco (70).

Alimentos de médio índice glicémico

Pão de forno a lenha (65), beterraba (65), banana (60), compota (55), massas brancas (55), pão integral com sêmea (50), arroz integral (50), ervilhas (50), cereais integrais (50).

Alimentos de baixo índice glicémico

Flocos de aveia (40), sumo de fruta (40), maçã (40), pão de centeio integral (40), massas integrais (40), feijão vermelho (40), ervilhas secas (35), lacticínios (35), feijão seco (30), lentilhas (30), grão-de-bico (30), frutos frescos (30), chocolate preto (22), frutose (20), soja (15), legumes verdes e tomate (15).

Esta noção de índice glicémico é fundamental porque mostra que quanto mais refinado for um produto (pão alvo, arroz branco, massas brancas) ou quando mais concentrado for em açúcares (batata, cenoura, bolacha, beterraba), mais estimula a secreção de insulina que fica então em excesso no sangue e contribui para a deterioração das artérias. Esta noção é particularmente importante nos sujeitos com hereditariedade diabética ou em situação de diabetes latente que deverão escolher, de preferência, alimentos de baixo índice glicémico.

As complicações da diabetes

Todas as diabetes açucaradas têm em comum riscos de complicações vasculares e metabólicas que afectam numerosos órgãos (coração, rins, olhos, cérebro, nervos) e que se agravarão inevitavelmente se a diabetes não for tratada.

Algumas destas complicações podem estar na origem do diagnóstico de uma diabetes que foi evoluindo de forma silenciosa.

Deste modo, esta doença é a primeira causa de cegueira em França. A evolução das anomalias detectáveis no fundo do olho muito tempo antes da perda de visão pode ser abrandada se a diabetes for bem equilibrada.

A diabetes é a causa principal da diálise por insuficiência renal.

O risco de amputação é multiplicado por dez no diabético.

Por último, 60 % dos óbitos por diabetes estão associados a uma insuficiência coronária geralmente difícil de diagnosticar devido ao seu carácter indolor.

Hereditariedade e diabetes

A diabetes de tipo 2 é uma doença hereditária. Em 70 % dos casos, encontra-se um diabético nos ascendentes ou colaterais directos.

Os números

Em 2003, mais de 2 milhões de Franceses sofrem de diabetes diagnosticada e estima-se em 500 000 o número de pessoas que o ignoram. Este número aumenta 7 % todos os anos.

A OMS enumera 150 milhões de diabéticos no mundo, número que poderá provavelmente duplicar em 2010. As pessoas em causa são principalmente indivíduos com mais de 65 anos nos países desenvolvidos, enquanto as faixas etárias dos 25 aos 65 anos são igualmente afectadas nos países em desenvolvimento.

Trata-se, portanto, de um grave problema de saúde pública.

Prevenção da diabetes

Tendo em conta os números acima transcritos, é urgente a adopção de uma prevenção eficaz da diabetes. No caso desta doença, o problema é particularmente difícil de resolver devido ao longo período de «latência da doença» que evolui em silêncio e sem sintomas.

Segundo o professor Passa (do hospital Hôtel-Dieu, de Paris), «é lamentável e pouco admissível que num terço dos doentes o diagnóstico seja feito tardiamente por ocasião de uma complicação» (Janeiro de 2002). De acordo com a sua estimativa, há em França 800 000 diabéticos que desconhecem a sua doença, o que significa que deve haver pelo menos o mesmo número de pessoas na fase de insulino--resistência para quem uma prevenção activa poderia evitar a passagem à doença patente.

Doenças que se pode PREVENIR

A prevenção da diabetes deve ser aconselhada a todos os sujeitos em quem é possível detectar uma insulino-resistência ou uma síndrome X. Estes não apresentam qualquer sintoma clínico, a sua glicemia em jejum é normal, mas, nos índices químicos, pode observar-se, em especial, que a insulina sanguínea é anormalmente elevada.

Pode dizer-se que estão num estado de «pré-diabetes».

Estas pessoas poderiam seguir de forma regular a sua glicemia em casa, utilizando pequenos aparelhos extremamente eficazes, totalmente automatizados, fabricados por diferentes laboratórios. No entanto, é certamente preferível esperar a chegada da doença para adoptar estes aparelhos no quotidiano. Com efeito, não parece desejável concentrar demasiado a atenção do sujeito na sua doença potencial com o risco de o angustiar. Nos pré-diabéticos, a vigilância preventiva deve ser assegurada pelo médico.

Higiene de vida

Qualquer indivíduo suspeito de vir a ser diabético deve respeitar três imperativos: seguir um regime alimentar inteligente em que os fornecimentos de glícidos sejam sempre equilibrados (cf. p. 122), controlar o peso e fazer o mais possível exercícios físicos.

O objectivo destas regras de vida é manter as taxas de açúcar (glicose) e de corpos gordos (colesterol HDL e LDL e triglicéridos) do sangue em limites que permitam evitar ou retardar consideravelmente o aparecimento da doença e das suas complicações.

A alimentação de prevenção da diabetes

A adopção do regime mediterrânico (cf. p. 37) é um bom princípio para alterar os hábitos alimentares.

Por conseguinte, qualquer candidato a diabético deve fazer um verdadeiro esforço para se interessar pela alimentação em geral e, singularmente, pela sua alimentação diária. Para isso, deve consultar tabelas sobre a composição dos alimentos em açúcares, gorduras e proteínas, assim como as suas concentrações em diferentes micro-nutrientes (oligo-elementos, vitaminas, fitomicronutrientes) e fibras.

A experiência prova que este tipo de dados mais importantes são facilmente memorizáveis, ao ponto de em algumas semanas já ser possível calcular, em cerca de 10 %, a composição da própria ração.

O indivíduo deve evidentemente interessar-se em particular pelos alimentos ricos em açúcares de forte índice glicémico e reduzir consideravelmente ou eliminar o açúcar branco, as compotas, os bombons, os bolos, as bebidas açucaradas e as bebidas alcoólicas. Em relação aos alimentos gordos saturados, que desempenham um papel muito importante na evolução da diabetes, deve esforçar-se por diminuir a sua quantidade na alimentação.

As fibras alimentares (cf. p. 30), que têm efeitos muito benéficos na prevenção da diabetes, devem ser alvo de uma atenção muito especial. Permitem diminuir e estender no tempo a absorção dos açúcares e dos lípidos, e controlar melhor o apetite. É recomendável um consumo de 30 a 40 gramas por dia.

É aconselhado aos sujeitos pré-diabéticos que tomem várias pequenas refeições ao dia, o que mobiliza menores quantidades de insulina.

A alimentação de prevenção das complicações é idêntica à anterior, mas deve ser ainda mais rigorosa e incluir uma quantidade maior de peixes gordos que têm um efeito muito protector e reparador para as artérias.

O exercício físico

Os indivíduos em estado de resistência à insulina, tal como os diabéticos que sofrem de diabetes não insulinodependente (D.N.I.D.), são muito frequentemente obesos ou pessoas que apresentam um claro excesso de peso (cf. p. 148). Na maioria dos casos, este estado resulta da sedentariedade associada a uma alimentação excessiva.

Ao estimular a perda de peso e, principalmente, a diminuição da massa adiposa visceral, a actividade física melhora a sensibilidade dos receptores celulares à insulina, o que causa uma diminuição da concentração desta hormona no sangue. Este mecanismo permite explicar por que só o aumento do exercício físico, se for mantido durante anos, retarda consideravelmente o aparecimento da diabetes sintomática.

Esta é, por conseguinte, uma das melhores formas de prevenção da diabetes.

A marcha, em especial, é o melhor exercício a partir dos 45 anos, uma vez que evita os riscos articulares ligados à corrida e tem a mesma eficácia. Além disso, diminui o *stress* e permite estar «melhor da cabeça», o que favorece uma tomada de consciência do risco e, portanto, uma melhor observância dos métodos propostos para o evitar.

A prática da marcha deve ser progressiva num indivíduo habitualmente sedentário e continuada para que os resultados perdurem. O objectivo a atingir é uma marcha de 3 a 6 km por dia, de preferência com um andamento sustentado (4 a 5 km/h).

Outros desportos, quando praticados com prazer e fora de competição, também devem ser encorajados. Entre os mais bem adaptados à situação, pode citar-se: a natação, o ciclismo e o golfe.

A jardinagem também é uma excelente prática que coloca em acção grande parte dos grupos musculares do corpo.

A fitoterapia

As plantas e os condimentos ajudam realmente o organismo a gerir a sua glicemia e os lípidos sanguíneos.

Tradicionalmente, a cebola e o alho são recomendados. Todos os indivíduos com risco de diabetes deviam consumir grande quantidade destes produtos.

Tisana de 7 condimentos
Trata-se de produtos vegetais capazes de ajudar as células a utilizar melhor a insulina. São: a canela, o cravo-da-índia, a curcuma ou açafrão-das-índias, o coentro, o cominho, a alforba e o louro. Colocar 2 pitadas de cada em 500 cm^3 de água a ferver e deixar em infusão durante quinze minutos. Beber em três vezes repartidas durante o dia.

Outras plantas
Infusões de eucalipto, zimbro e gerânio são aconselhadas, a tomar em alternância de um a dois meses muito frequentemente ao longo do ano.

A homeopatia

Excelente medicina de prevenção, tem evidentemente aqui o seu lugar, mas exige a intervenção de um médico competente que saiba prescrever os remédios de terreno adequados a cada pessoa e a cada momento da evolução da diabetes.

A automedicação para os eventuais sintomas só é possível quando já se estiver a fazer um tratamento adaptado.

A nutriterapia

Vários oligo-elementos podem ser utilizados a título preventivo porque participam no ciclo da glicose e dos lípidos.

O zinco está directamente implicado na estrutura da insulina, principalmente na forma de armazenamento nos ilhéus de Langerhans do pâncreas. Estimula a ligação desta hormona às células do fígado e a produção de lípidos pelas células gordas chamadas adipócitos. Vários estudos demonstraram uma redução da concentração sanguínea em zinco durante a diabetes. Um suplemento em zinco vendido nas lojas de dietética é, portanto, recomendado à razão de 10 a 15 mg por dia (dose que não se deve exceder) em caso de tendência para a diabetes.

O crómio é muito conhecido pela sua participação na estrutura de uma molécula designada por «factor de tolerância à glicose», cuja existência é controversa sem que o papel do crómio na diabetes esteja em causa. O principal efeito deste elemento consiste em potencializar a acção da insulina, portanto, favorecer a penetração da glicose no interior da célula e regular a concentração de lípidos do sangue.

Um suplemento de crómio é, por isso, sempre aconselhado mesmo a título preventivo. Este elemento não é de modo algum tóxico. Deve ser tomado entre 50 μg e 200 μg por dia, sabendo que a dose quotidiana recomendada é de 55 a 65 μg no indivíduo normal e que a ração habitual raramente lhe fornece mais do que 40 a 50 μg.

O manganésio está implicado em numerosas reacções do metabolismo dos açúcares. Participa assim na síntese da insulina, na neoglicogénese (produção de glicose pelo fígado a partir de outras moléculas, principalmente lipídicas) e no funcionamento dos receptores da insulina. A larga cobertura das necessidades pela alimentação torna inútil qualquer fornecimento suplementar.

O vanádio suscita sempre grande interesse desde que se descobriu que este elemento pouco conhecido apresenta efeitos semelhantes aos da insulina em relação à penetração da glicose nas células. Moléculas contendo este alimento estão a ser experimentadas como candidatos para tratar a intolerância à glicose e prevenir assim o aparecimento da diabetes.

A acupunctura

Tal como na prevenção da obesidade, a acupunctura é eficaz na prevenção e tratamento da diabetes devido ao seu grande poder de regulação geral das energias. No entanto, exige um médico credenciado.

Dores de costas

O mal do século

As costas são a zona do corpo onde se joga o nosso equilíbrio, a nossa sustentação. É a verticalidade das costas que nos confere a nossa especificidade humana. Os Chineses já tinham percebido bem isto alguns milénios antes dos Ocidentais, quando propunham que a coluna vertebral, o nosso eixo de vida, fosse conservado na «vertical entre o céu e a terra».

Ao longo da vida, usamos e abusarmos das costas ao ponto de, por vezes, elas nos pedirem misericórdia chamando-nos à atenção através de dores que rapidamente se tornam crónicas.

A dor de costas é apenas um sintoma que exprime, em 99 % dos casos, o mau funcionamento dos músculos e dos ligamentos que sustentam a coluna vertebral.

Os homens queixam-se mais da coluna lombar, que sofre mais por causa das imposições mecânicas ligadas ao seu trabalho.

As mulheres, por seu lado, relatam dores cervicais ou dorsais (entre as omoplatas).

Extraordinariamente frequente, este mal do século afecta dois terços da população francesa e representa a segunda causa mais frequente de consulta em clínica geral.

Calcula-se que 80 % dos Franceses sofrem, sofreram ou sofrerão das costas.

Prevenção da dor de costas

As regras básicas

Quer esteja em casa ou no seu local de trabalho, deve sempre procurar as posições e as acções que poupem as suas costas geralmente demasiado solicitadas.

— Adoptar como regra tentar manter o mais frequentemente possível as costas na posição vertical.

- Evitar tanto quanto possível colocar as ferramentas ou máquinas que utiliza em sítios que o obriguem a dobrar-se para a frente. Esta posição é particularmente nefasta porque põe as costas em forte tensão. As pessoas que cozinham estão muito expostas a esta situação.
- Evite manter-se durante muito tempo na mesma posição: interrompa a sua actividade regularmente durante alguns minutos e sente-se ou, se puder, deite-se para descansar as costas.
- Tente escolher uma cadeira adaptada à sua dimensão e à altura da mesa.
- Evite carregar objectos de um só lado: recorra o mais possível a um carro de mão.
- Registe as posições ou as tarefas que provocam dores lombares e esforce-se por alterá-las.
- Esteja atento à transpiração: as costas húmidas provocam mais dores. Regra geral, evite os lugares frios e húmidos.

Os comportamentos práticos

A maioria dos problemas de costas, agudos ou crónicos, é causada por movimentos intempestivos efectuados quando se carrega ou se manipula alguma coisa. As poucas regras que se seguem decorrem do bom senso e de uma compreensão normal do funcionamento muscular e osteo-articular.

Evitar carregar pesos

O homem não tem a força muscular de um elefante. Foi por isso que, desde os primórdios da civilização, domesticou estes enormes animais para deslocar as cargas que ele não podia carregar sozinho. Portanto, devemos meditar sempre sobre a relativa fraqueza muscular humana e reflectir em todos os meios que permitam economizar o esforço.

A primeira regra de ouro consiste em procurar soluções que evitem carregar pesos às costas. A roda foi inventada há muito tempo e Arquimedes descreveu a alavanca vários séculos antes de Cristo. Daí resultaram meios a que chamamos carreta, carrinho de mão, roldana e que devem ser sistematicamente utilizados para não pôr as costas em perigo.

Se nenhum meio mecânico estiver disponível, deve examinar atentamente a carga a deslocar e imaginar o cenário que irá montar.

Pense na posição

Nunca se incline para a frente, de pernas esticadas, por cima da carga. Esta é a pior posição para as costas!

É muito importante que se coloque o mais perto possível da carga, que deve estar entre os seus pés bem afastados. Deste modo, o centro de gravidade está mais perto da carga.

Tanto quanto possível, deve agarrar o objecto de modo a que a maior parte da mão participe no esforço. Para erguer a carga, deve usar não a força das costas, mas a dos músculos das coxas e das nádegas que são os mais fortes do corpo. Os braços devem manter-se estendidos, pois servem apenas para controlar a carga e não para a erguer.

Bloquear a bacia contraindo os músculos abdominais, manter as costas direitas, colocar a cabeça para trás com o queixo acima do peito e deixar ir as nádegas para trás quando se inclinar para a frente para erguer a carga.

Inspirar e suster a respiração no momento de erguer a carga.

Efectuar o transporte sem pressa, mas sem demora. A pressa pode fazer tropeçar e a lentidão impõe um esforço demasiado longo para a resistência muscular. Durante o percurso, evite efectuar rotações da coluna. Se precisar de mudar de direcção, rodar sobre os pés.

Ao pousar a carga, a posição deve ser simétrica do erguer. Dobrar os joelhos e manter as costas direitas. Descer lentamente para o local onde vai pousar a carga conservando-a junto ao corpo.

Ao volante

Apesar de um grande esforço dos construtores desde há alguns anos para fazer bancos ergonómicos, os problemas de costas são muitas vezes provocados ou agravados pela condução.

Por isso, é fundamental regular bem as posições respectivas do banco, volante e do apoio de cabeça para estar na melhor posição de conforto e de relaxamento muscular.

Parar de duas em duas horas, ou o mais frequentemente possível para caminhar e relaxar fazendo movimentos de estiramento.

Atenção à entrada e saída do veículo. Estas manobras não são inofensivas porque infligem às costas posições de torção e de desequilíbrio agudas.

O sono

A cama é o lugar onde passamos mais tempo de forma contínua, cerca de um terço da vida. Por conseguinte é importante escolher bem o colchão e o seu estrado. Uma cama mais firme é sempre melhor.

A posição sobre as costas sem almofada é recomendada, mas cada qual deverá seguir os seus hábitos que geralmente vêm da infância. Seja como for, deve tentar sempre dormir de costas para baixo, pois esta posição permite o melhor relaxamento.

Escolher o desporto

Na maioria dos casos, todos os desportos têm um impacto negativo sobre as costas, sobretudo se forem praticados no âmbito de uma competição. Os mais prejudiciais são a halterofilia, o judo e o ténis.

Em contrapartida, a natação, que faz trabalhar os músculos dorsais de forma simétrica, é recomendada.

Note-se também que o *jogging* é desaconselhado em caso de dores de costas porque, durante este exercício, tal como em todas as corridas, o peso do corpo assenta brutalmente em cada passada, de forma assimétrica, sobre uma única perna, o que não deixa de solicitar as costas de forma muito agressiva.

Higiene de vida

Deixar de fumar: os fumadores têm mais problemas lombares do que os não-fumadores.

Os pés são o suporte do corpo e, por isso, merecem grande atenção. Pés doridos podem perturbar a marcha, o que se repercute nas costas.

O calçado deve ser desafogado, confortável, com solas espessas e salto muito baixo.

Os saltos altos das mulheres são particularmente nefastos para as costas.

O método de Françoise Mézières

Françoise Mézières é daquele tipo de personagens fora do comum que estão demasiado à frente da sua época para ser entendidas. Na sequência das suas observações meticulosas e de um labor obstinado, criou e praticou durante toda a vida um método verdadeiramente revolucionário, conhecido por «reeducação postural», através do qual se obtém resultados excepcionais nos problemas de costas doridas.

Nunca é de mais aconselhar a utilização deste método a título preventivo e curativo desde os primeiros sinais de problemas funcionais das costas. Como Françoise Mézières faleceu em 1991, é necessário procurar um cinesioterapeuta que tenha seguido o seu ensino ou algum dos seus alunos que pratique o método no respeito pelos seus princípios.

A grande descoberta de Mézières foi ter observado que determinados músculos não agem isoladamente, mas que estão, pelo contrário, imbricados numa cadeia muscular, cobrindo-se uns aos outros como as telhas de um telhado e recebendo o tónus nervoso de forma privilegiada.

Identificou assim quatro cadeias: uma cadeia posterior muito forte que vai do crânio ao pé; uma cadeia do pescoço que impele o pescoço e a cabeça para a frente; uma cadeia ântero-interior que associa o diafragma e os músculos psoas-ilíacos e que modifica a posição da bacia; e uma cadeia braquial que percorre todo o membro superior desde a ponta dos dedos até ao ombro.

Estas cadeias «açambarcam» o tónus gerado pelo sistema nervoso e estão, na maioria das vezes, em estado de hipertonicidade. Os outros músculos, pelo contrário, são hipotónicos.

O erro fundamental consiste, portanto, em impor a musculação, como propõe a medicina clássica, para tratar os problemas das costas, a um indivíduo que está já em hipertonia.

O método de Mézières propõe fazer reduzir esta tensão hipertónica para que os músculos da cadeia posterior, principalmente, ao relaxarem, permitam que a coluna esteja perfeitamente vertical, sem distorção nem dores.

O procedimento utilizado consiste em posturas correctivas assumidas pelo sujeito deitado, sob o controlo do cinesioterapeuta, durante as quais ele efectua sucessivamente várias inspirações e expirações fortes. Estas posturas só são trabalhadas na presença do terapeuta e não podem ser realizadas quando a pessoa se encontra sozinha. A reeducação postural é um trabalho muito personalizado que não permite aproximações, mas que dá excelentes resultados.

A homeopatia

A homeopatia tem indicações para a prevenção da dor de costas, mas exige a intervenção de um médico competente que saiba prescrever os remédios de terreno adequados a cada pessoa e a cada momento-tipo de dores.

Enquanto espera pela consulta de um médico homeopata, alguns remédios podem ser tomados em automedicação: Bryonia 7 CH e Ruta 7 CH, 1 grânulo 3 a 6 vezes ao dia durante três a quatro semanas, a tomar em todos os casos.

Segundo a localização, acrescentar 1 grânulo de: Ferrum phosphoricum 7 CH para as dores de pescoço; Actea Racemosa 7 CH para as dores entre as omoplatas; Kalia carbonicum 7 CH para dores no fundo das costas.

Segundo as circunstâncias, acrescentar 1 grânulo de: Dulcamara 15 CH para as dores provocadas pelo tempo chuvoso e húmido; Rhododendron 15 CH para dores provocadas pela trovoada e tempestades; Nux vomica 15 CH para dores causadas por contrariedades ou pela fúria.

A acupunctura

Pode ser particularmente eficaz na prevenção da dor de costas e tem aqui uma das suas melhores indicações.

A fitoterapia

As plantas propostas na prevenção da artrose podem ser utilizadas para a dor de costas:
– a filipêndula (a folha e a flor);
– o freixo (a folha);
– a esteva (as cabeças floridas com as folhas);
– a bardana (as raízes frescas em decocção).

Pode acrescentar-se em todos os casos o salgueiro branco (os amentilhos ou as folhas).

Estas tisanas devem ser tomadas à razão de 2 a 3 chávenas ao dia, vários meses por ano.

Citámos também uma planta da Namíbia, o arpagófito ou garra-do-diabo, que tem uma acção anti-inflamatória clara e contribui para a reconstrução da cartilagem. A dose diária é de 450 mg de extracto duas vezes ao dia na forma de comprimidos ou gélulas (escolher um produto que garanta 1 a 2 % de arpagósidos).

O glaucoma

O glaucoma é uma doença do nervo óptico. Trata-se de uma afecção que destrói progressivamente o nervo óptico por isquemia, ou seja, diminuição da vascularização do nervo que fica assim privado de sangue, portanto de oxigénio.

Contrariamente a uma ideia muito generalizada, o glaucoma não se define pela hipertonia ocular. Também há glaucomas conhecidos por «de pressão normal», tal como é possível que pacientes apresentem uma hipertonia ocular que não sofrem nem nunca sofrerão de glaucoma.

No entanto, este é o principal factor de risco e deve, por isso, ser alvo de atenção sistemática.

O líquido que causa este aumento de pressão é segregado por uma estrutura situada atrás da íris (que é a parte colorida do olho) chamada corpo ciliar. Circula através do orifício pupilar e no espaço existente entre a íris e a córnea para depois ser expulso do olho ao passar por uma estrutura chamada «ângulo», local onde se juntam a córnea e a íris. Devido a esta circulação, distingue-se dois tipos de glaucoma. Com efeito, se a passagem do líquido através do ângulo for simplesmente reduzida, dizemos que há *glaucoma de ângulo aberto*. Em contrapartida, se a passagem do líquido for subitamente bloqueada, dizemos que há *glaucoma de ângulo fechado* ou *glaucoma agudo*. Neste caso, a pressão no interior do olho aumenta brutalmente e provoca simultaneamente uma dor muito aguda e danos irreversíveis nas fibras nervosas do nervo óptico.

O glaucoma de ângulo aberto é, felizmente, o mais frequente.

Os primeiros sinais do glaucoma de ângulo aberto passam despercebidos. Com efeito, a perda de visão opera-se muito gradualmente. Trata-se de uma doença sem sintomas que evolui silenciosamente.

No entanto, a pouco e pouco, os danos progridem e a visão periférica é afectada, especialmente a que se situa perto do nariz. Após vários meses ou anos de evolução, o paciente só vê aquilo que está à sua frente. Na ausência de tratamento, a cegueira total é a regra.

Quase 2 % dos Franceses são afectados por esta doença, ou seja, 1,2 milhões de pessoas. Um doente em cada dois arrisca perder a vista por desconhecer o seu estado. É a segunda causa de cegueira em França e a terceira no mundo. Por aqui se vê a importância da despistagem que conduz ao tratamento imediato.

O glaucoma é cinco vezes mais frequente nas pessoas de raça negra do que nas de raça branca. A partir dos 40 anos, a sua incidência aumenta com a idade, em todas as etnias.

Prevenção

Por ocasião de um congresso sobre a oftalmologia francesa, realizado em 13 de Setembro de 2002, os médicos especialistas denunciaram a inércia dos poderes públicos relativamente ao problema de saúde pública representado pelo glaucoma, dedicando este dia à sua despistagem. A situação é tanto mais crítica já que o número de oftalmologistas está a sofrer uma diminuição catastrófica.

Portanto, o tratamento do glaucoma é, antes de tudo, preventivo, baseado na procura do principal factor de risco acima evocado: a hipertonia ocular.

Todos os exames relativos a esta despistagem só podem ser efectuados no consultório de um médico oftalmologista. O primeiro, fundamental, é então a medição da pressão intra-ocular (tonometria). Este exame é sempre indolor. É seguido pelo estudo do campo visual (campimetria), pelo estudo da cabeça do nervo óptico com instrumentos especiais e pelo exame do ângulo iridocorneal se houver suspeitas de glaucoma.

Esta despistagem sistemática deveria iniciar-se entre os 35 e os 40 anos.

Soluções alternativas complementares

Algumas pesquisas demonstraram que a vitamina C é capaz de reduzir a pressão no interior do olho. Deve tomar-se 500 mg desta vitamina duas vezes ao dia, de preferência na forma de um produto natural como a acerola.

Outros estudos que estão por confirmar referem-se a uma acção favorável de extracto de ginco biloba associado a uma mistura de vitamina C, A e E.

Por último, a acupunctura relata também efeitos positivos.

As doenças infecciosas

O termo infecção vem do verbo latino «inficere, infectus», que significa «impregnar, misturar». Por conseguinte, pode dizer-se que há infecção quando um micróbio, seja ele qual for ou por qualquer meio, transpõe a barreira cutânea, digestiva ou pulmonar do corpo e vai «impregnar» o seu ambiente interior.

Os micróbios

Devemos paradoxalmente o termo «micróbio» (que significa «pequena vida», segundo a etimologia grega) não a um biólogo, mas a um cirurgião chamado Sédillot que propôs este termo em 1880 para reunir numa mesma família seres vivos estranhos, invisíveis a olho nu, mas bem visíveis com ajuda do microscópio. Com efeito, principalmente na sequência dos estudos de Louis Pasteur, em França, e de Robert Koch, na Alemanha, começou-se a descobrir que estes seres abundavam tanto no nosso ambiente como sobre a nossa pele, na nossa boca e nos nossos intestinos, e que alguns deles eram a causa directa de doenças por vezes muito graves.

Os micróbios dividem-se em bactérias, fungos, parasitas microscópicos e vírus.

A relação de dimensão entre um micróbio e um animal ou um homem é impressionante. Assim, enquanto somos constituídos por 10 biliões de células, pequenas unidades de vida cada uma com o seu papel e cujo conjunto assegura todas as funções que nos permitem viver e reproduzir-nos, cada micróbio é formado apenas por uma ou algumas células cuja dimensão é ínfima, entre 1 mícron (um milésimo de milímetro) e 1 milésimo de mícron (um milionésimo de milímetro). Compreende-se que, em condições normais, não seja possível vê-los nem percebê-los através dos órgãos dos sentidos.

Um último ponto que não deixa de impressionar é a prodigiosa capacidade de reprodução dos micróbios. Ao passo que contamos vinte anos entre duas gerações de seres humanos, uma bactéria pode dar origem a uma cópia idêntica a si mesma em vinte minutos. Um cálculo rápido permite avaliar as populações assim geradas. Um milhar de bactérias (uma colónia muito pequena) correctamente alimentadas dão origem a 8 388 608 000 de indivíduos idênticos em apenas oito horas! Uma única bactéria, se pudesse dividir-se durante quarenta e oito horas, daria origem a 2,2 x 10^{43} bactérias cujo peso total seria superior ao da Terra. Esta experiência, evidentemente impossível de realizar, permite compreender a rapidez com que certos germes são capazes de matar uma pessoa infectada se nada for feito para travar o processo de multiplicação.

Banhamo-nos literalmente nos micróbios e, felizmente, mantemos com a maioria deles relações de boa vizinhança. Contudo, alguns são capazes de perturbar mais ou menos gravemente o funcionamento dos seres vivos superiores que os rodeiam. Existe então uma infecção.

Quando um micróbio penetra num organismo, o seu primeiro objectivo é invadi-lo para nele se instalar. Para isso, vai multiplicar-se utilizando os recursos, ou seja, os nutrientes, que encontra nesse organismo. Tendo em conta os números de reprodução acima evocados, compreende-se que esta invasão possa ser explosiva se o micróbio encontrar condições favoráveis.

Evidentemente, o organismo invadido vai defender-se. Para isso, pode recorrer a um conjunto de meios extremamente eficazes reunidos no termo «defesas imunitárias». O objectivo destas defesas é, pois, impedir a penetração, logo a mistura e, se esta já aconteceu, matar ou expulsar os micróbios invasores ao mesmo tempo que tentam constituir uma memória defensiva de forma a prever um próximo ataque do inimigo. Na grande maioria dos casos, é o organismo superior quem tem a última palavra.

As defesas rompidas

Por vezes, o micróbio consegue romper as defesas do organismo. Apesar da sua pequena dimensão, possui geralmente uma enorme panóplia de truques e artimanhas para enganar o hóspede que o acolhe sem querer. A multiplicação do agente infeccioso pode então provocar danos mais ou menos graves. Neste caso, lidamos com uma doença infecciosa.

A gripe, anginas, sinusite, algumas diarreias, bronquites, cistites e constipações fazem parte destas doenças. Todos já as contraímos ou estivemos perto delas, mas as terapêuticas modernas ajudaram o corpo a lutar e a desembaraçar-se da infecção.

Pode acontecer que a situação seja mais grave, que o micróbio seja mais virulento e que o seu poder de agressividade seja tão forte que, não só rompe as defesas imunitárias, como também continua a multiplicar-se apesar dos tratamentos utilizados. Nestas condições, os danos causados aos órgãos podem ser muito consideráveis e provocar a morte. Era o que sucedia com frequência antigamente, e por vezes ainda hoje em certos países desfavorecidos, no caso de doenças como a varíola, a tifóide, a cólera, o carbúnculo, a peste ou a febre amarela.

No decurso de epidemias, as diferentes pessoas que abrigam um micróbio não reagem da mesma forma. Isso depende da qualidade das suas defesas imunitárias. Alguns indivíduos desenvolvem uma doença com sintomas bem visíveis, ao passo que outros não apresentam qualquer sinal e, porém, continuam a ser hospedeiros do micróbio indesejável. Dizemos que são «portadores saudáveis».

Esta categoria de indivíduos é particularmente temível devido aos problemas de contágio. Com efeito, para tomar o exemplo da tifóide em que a transmissão é essencialmente inter-humana, um portador saudável pode contaminar centenas de pessoas sem o saber e sem conhecimento das autoridades de saúde, sobretudo se as condições de higiene forem deficientes.

Esta situação observada na maioria das doenças infecciosas dificulta o controlo de uma epidemia e torna ainda mais urgentes as medidas de prevenção.

Sabe-se que, em relação à tifóide, 2 a 6 % dos doentes continuam a ser portadores do germe após a cura! O caso mais célebre foi o de uma mulher, Mary Malon, que foi alcunhada de «Typhoid Mary». Cozinheira no Estado de Nova Iorque, infectou, em 1906, cinquenta e três pessoas, cinco das quais viriam a falecer. Após a sua identificação como portadora do germe, foi praticamente considerada como terrorista, pois foi detida durante três anos e, depois, confinada à sua residência em North Brother Island durante vinte e seis anos! Posta em liberdade depois de prometer que nunca mais exerceria a profissão de cozinheira, esteve na origem, cinco anos depois, de vinte e cinco casos de tifóide no hospital feminino de Manhattan!

Os antibióticos

Estes medicamentos específicos das doenças bacterianas permitiram à medicina dar um gigantesco salto em frente sem, contudo, resolver plenamente o problema das doenças infecciosas.

Alongarmo-nos sobre este tema que trata da terapêutica não cabe no âmbito desta obra.

No entanto, deve dizer-se uma palavra sobre os antibióticos utilizados a título preventivo para denunciar com vigor esta prática. Na maioria dos casos, estes notáveis remédios são prescritos às cegas, a título de «cobertura preventiva», utilizando-se os que são considerados como tendo o mais largo espectro de acção sobre o maior número de espécies bacterianas. Isto levou a criar germes resistentes por selecção natural das espécies mutantes, e a levantar o problema acerca de certas doenças infecciosas relativamente às quais se corre o risco de não possuirmos defesas nos anos vindouros.

Por conseguinte, é necessário reafirmar que os antibióticos, salvo em casos muito particulares (certas intervenções cirúrgicas em indivíduos que apresentam antigas doenças infecciosas cardíacas, por exemplo), não devem ser utilizados a título preventivo (e que em nenhum caso podem combater uma infecção viral).

Prevenção das doenças infecciosas

Evitar o contacto com os micróbios perigosos e não os respirar ou ingerir são as primeiras regras de bom senso que permitem reduzir consideravelmente os riscos de doenças infecciosas. Para isso, é necessário aplicar as prescrições da higiene geral.

A higiene de vida

Higiene das mãos

Neste início do terceiro milénio, lavamos as mãos duas a três vezes menos do que há cinquenta anos! Todas as pessoas com mais de sessenta anos lembram-se de que, na sua infância, mesmo nas famílias modestas, só se ia para a mesa após se ter sacrificado a esta prática ritual cujo resultado era inspeccionado pelo pai ou mãe de família. Muitos consideram este hábito higiénico como antiquado, mas trata-se de uma verdadeira regressão!

Com efeito, a existência de espécies bacterianas cada vez mais resistentes é um sinal de alarme para nos lembrar que, tanto em casa como no trabalho, é urgente recuperar plenamente estas regras de higiene elementar que foram esquecidas devido ao uso de antibióticos. Entre as mais eficazes, a lavagem das mãos é demasiado

Doenças que se pode PREVENIR

negligenciada, tanto pela população geral como pelos médicos e pelo pessoal enfermeiro hospitalar. Esta medida é, porém, essencial para lutar contra a transmissão dos germes.

As mãos transportam dois tipos de populações bacterianas: uma chama-se «residente» e comporta germes muito pouco patogénicos que vivem aí desde sempre, sobre a pele, e são de algum modo bactérias domesticadas; a outra chama-se «transitória» e é composta de bactérias que estão de passagem que provêm do meio exterior, da pele de outras pessoas em quem tocámos e também do nosso tubo digestivo (saliva e fezes). É geralmente através desta flora transitória que se fazem as contaminações e que as epidemias podem propagar-se. Representa um grande perigo e é em grande parte responsável pelas epidemias de gastrenterites e pelas infecções respiratórias, particularmente na criança.

Em casa, a lavagem das mãos antes de cada refeição, com água e sabão, durante pelo menos trinta segundos, com secagem numa toalha própria, é uma prática que deve ser sistematicamente observada.

Nos locais de trabalho, é necessário ser particularmente vigilante em relação aos empregados do sector da alimentação e da restauração.

No hospital, a lavagem e escovagem sistemática das mãos antes e após cada acto médico deve ser uma regra imperativa, incontornável, porque é uma fonte maior de disseminação de germes e, portanto, de transmissão de temíveis infecções nosocomiais, principalmente pelo micróbio estafilococo e pelo pseudomómade.

Resistência ao frio

O treino para resistir às variações de temperatura e, especialmente, ao frio é decerto uma excelente forma de estimular as defesas imunitárias.

Sem chegar às práticas temerárias dos nosso amigos russos que escavam um buraco no gelo dos seus lagos para tomar banhos revigorantes, é recomendado aprender desde a infância a não se agasalhar demasiado e a determinar e até aumentar os limites da resistência.

Deste modo, tomar duches frios ou em alternância com quente e frio é certamente estimulante para as defesas imunitárias. Esta prática entra no quadro da exploração, nunca concluída, das capacidades do nosso corpo e do nosso espírito que nos fornecem um melhor controlo das doenças e, singularmente, das infecções.

Exercício físico

Vale a pena repetir como uma cantilena, em cada capítulo, que o ser humano é um ser de movimento. As regras já expostas (cf. pp. 18 e 19) são portanto válidas para a regulação e estimulação das nossas defesas imunitárias.

Rejeição das drogas

Os dois flagelos que são o tabaco e o álcool foram exaustivamente tratados no início deste livro. É certo que ambos têm uma repercussão negativa sobre as defesas imunitárias anti-infecciosas e que a sua eliminação é seguida de um regresso progressivo ao estado normal dos meios de luta.

A alimentação

A prevenção das doenças infecciosas não exige um regime especial. A aplicação das regras já enunciadas (cf. p. 37) é suficiente para manter um bom equilíbrio.

O papel particular do intestino

Sede da digestão e da assimilação dos alimentos, o intestino assegura, graças à colossal superfície desenvolvida das suas mucosas (400 m^2), uma intensa actividade de defesa ao ponto de podermos dizer que é o primeiro órgão imunitário do organismo. Contém uma população considerável de microorganismos organizados em nichos no seio dos quais se constituem estados de equilíbrio. Esta flora microbiana é normalmente complexa e estável. Conta-se, no intestino grosso, 10^{12} bactérias por grama de conteúdo com 50 géneros e várias centenas de espécies diferentes. Os géneros mais representados são os da flora dominante com os bacteróides, os lactobacilos e as bifidobactérias. Este último género constitui até 25 % da população normal do intestino humano. Algumas destas bactérias são utilizadas na indústria dos produtos fermentados do leite e, a partir do consumo destes produtos, numerosas observações confirmaram a sua importância para o bom funcionamento do intestino e a sua implicação positiva na saúde, particularmente na luta contra as infecções.

É provável que um bom equilíbrio bacteriano contribua bastante para tornar as células imunitárias do intestino vigilantes e activas relativamente à intrusão de germes patogénicos através da alimentação.

Uma das melhores formas de restabelecer ou manter este estado de equilíbrio é utilizar aquilo que desde há pouco tempo se designa por probióticos e prebióticos (cf. p. 31).

As vacinas

As vacinas representam, sem dúvida, o capítulo mais bem documentado acerca da prevenção na medicina moderna, pois a sua prática remonta ao século XVII.

Têm como objectivo pôr em acção ou estimular artificialmente as defesas imunitárias através da injecção ou da ingestão de um micróbio, ou uma das suas fracções, sob formas que já não podem provocar a doença, mas que mantêm as suas propriedades de estimulação. Obriga-se assim o organismo a estar preparado para fazer face a uma infecção particular conferindo-lhe uma memória. Esta, embora se atenue com o tempo, permite que o organismo reaja rapidamente em caso de infecção pelo mesmo micróbio.

Há cerca de 2000 anos, os Chineses inventaram uma técnica que consistia em inocular a varíola a pessoas saudáveis utilizando uma pequena quantidade de pústulas de doentes com varíola afectados por uma forma benigna da doença. O sujeito desenvolvia geralmente uma forma também benigna que o protegia definitivamente. Os Turcos, no início do século XVII, herdaram este método que foi introduzido em Inglaterra pela mulher do embaixador britânico, Lady Montaigu. Com o apoio da corte real, o método desenvolveu-se, mas seria preciso esperar ainda algumas dezenas de anos para ver aparecer a primeira verdadeira vacina.

Com efeito, é a Edward Jenner, médico de província inglês do final do século XVII, que se deve a observação segundo a qual as crianças que tinham contraído uma doença benigna das vacas chamada vacina estavam protegidas de uma doença mais grave, a varíola, que assolava por epidemia nessa época e provocava a morte em 50 % dos casos. Jenner propôs então inocular a vacina a todas as crianças para que ficassem imunizadas contra a varíola.

Esta prática foi logicamente chamada «vacinação» e, por extensão, todos os procedimentos com a mesma finalidade entraram nesta família que rapidamente se tornou numerosa.

No final do século XIX e início do século XX, os trabalhos de Louis Pasteur e dos seus alunos permitiram um rápido desenvolvimento desta técnica com, como primeiro êxito, a descoberta de uma vacina contra a raiva que o celebrizou.

A partir das descobertas destes precursores, foram investigadas vacinas contra todas as grandes infecções com sucessos diversos. Os progressos da biologia permitiram obter produtos cada vez mais puros e, por vezes, seleccionar, no micróbio, a fracção dita «imunizante» capaz de induzir as respostas imunitárias esperadas com um mínimo de reacções negativas. A biologia molecular utiliza actualmente microorganismos como «fábricas biológicas» para fabricar novas vacinas.

Na prática, utilizam-se diferentes tipos de preparados:
– Micróbios da mesma família capazes de provocar uma infecção muito benigna e de proteger contra um agente muito mais virulento: é o caso da vacina contra a varíola.
– Micróbios atenuados que foram tratados para perderem a virulência e que já não apresentam agressividade, mas conservam o poder de estimular as defesas imunitárias. Há vacinas atenuadas contra o bacilo do carbúnculo.
– Micróbios mortos que já não têm qualquer capacidade infecciosa, mas que conservaram o seu poder de estimulação da imunidade. É o caso da vacina contra a poliomielite.
– Fracções de micróbios, moléculas específicas, não infecciosas, capazes também de estimular a imunidade. É o caso da difteria e do tétano.
– Fracções de micróbios produzidas por engenharia genética. É o caso das vacinas contra as hepatites.

Infelizmente, não há vacinas eficazes contra todas as doenças infecciosas, em especial para as mais graves. Assim, ainda não há vacina contra a sida, apesar dos esforços realizados desde há quinze anos, nem contra a sífilis que, apesar da penicilina, ainda assola numerosos países em vias de desenvolvimento.

Não obstante os esforços realizados pelos biólogos e médicos para criar novas vacinas eficazes e bem toleradas pelo organismo, estas provocam frequentemente efeitos secundários. É verdade que não é o micróbio que escolhe nem o seu modo de introdução nem o momento para atacar o corpo, e compreende-se que esta solicitação forçada das defesas imunitárias possa perturbar o bom funcionamento geral do organismo. Por conseguinte, não admira que este se revolte e se manifeste.

As incisões no ponto de injecção passam, na maioria dos casos, rapidamente (excepto na BCG, que pode provocar uma ferida crónica). Esta mesma vacina da BCG, cuja utilidade é muito contestada, provoca frequentemente no bebé repetidas rinofaringites. Outras vacinas podem causar fadigas intensas e persistentes, insónias e falta de apetite. Noutro registo, foram observadas graves perturbações num pequeno número de indivíduos vacinados contra a hepatite B, embora os fabricantes da vacina garantam a total inocuidade do seu preparo. A justiça acabou, em primeira instância, por dar razão a alguns queixosos que acusavam esta vacina de lhes ter provocado uma esclerose em placas, doença grave do sistema nervoso.

No entanto, apesar destas reservas, é necessário ter em conta os benefícios epidemiológicos das vacinas e lembrar as epidemias que dizimaram grupos humanos em certos períodos: a difteria, o tétano, a tifóide aterrorizaram os nossos antepassados e agora quase desapareceram. Do mesmo modo, a poliomielite está em curso de erradicação (prevista para 2005) graças a um programa de vacinação mundial. A meningite cerebrospinal, tão mortífera, está circunscrita desde os primeiros casos declarados, graças ao mesmo procedimento.

Embora devamos permanecer vigilantes, as vacinas continuam a ser uma boa forma de prevenção das doenças infecciosas à escala das sociedades.

Vacinas obrigatórias

Entusiasmadas por este método de prevenção que parece muito prometedor, especialmente para interromper a transmissão epidemiológica, as autoridades sanitárias de numerosos países tornaram obrigatórias muitas vacinas com, porém, variações espantosas. Deste modo, a famosa BCG, que se pensa proteger da tuberculose, é uma invenção francesa, obrigatória em França, mas quase nunca foi inoculada nos Estados Unidos, não mais do que na Holanda onde os registos de incidência da doença, desde há um século, mostram que este país é aquele em que a doença foi menos frequente! A BCG é actualmente considerada uma vacina pouco eficaz e, em breve, deverá ser substituída por um preparado mais activo.

Pelo contrário, a vacina obrigatória contra a poliomielite – apesar das razias do início em que crianças morriam devido a vacinas acidentalmente contaminadas por uma espécie de vírus activo – obteve resultados espectaculares numa doença outrora muito epidémica, geralmente mortal e que causava terríveis sequelas.

Quando alguém tem prevista uma viagem a um país tropical, apercebe-se sempre um pouco tarde de que é melhor vacinar-se contra a tifóide, hepatites A e B, raiva, febre amarela, ou fazer reforços do tétano, da poliomielite ou, por vezes, da difteria (países da ex--URSS). Estas vacinas não são obrigatórias (hoje, só a febre amarela é realmente exigível para certos países), mas são vivamente recomendadas. As injecções necessárias devem ser compassadas no tempo, por um lado, porque algumas vacinas são incompatíveis na mesma seringa e no mesmo dia, e, por outro, porque várias vacinas solicitam demasiado fortemente o organismo e tornam mais prováveis efeitos secundários desagradáveis.

Esta prevenção dos riscos infecciosos das viagens deve, portanto, ser seriamente programada e discutida com o médico.

Vacinação e homeopatia

Tendo em conta o exposto no parágrafo anterior, os médicos homeopatas recomendam que se utilize em todas as circunstâncias de vacinação, seja qual for o tipo desta, o remédio Thuya 15 CH à razão de 3 grânulos por dia durante a semana anterior e nos três meses seguintes. Esta medicação parece prevenir um bom número dos efeitos secundários habituais das vacinas.

Prevenção de outras doenças

Episódios infecciosos repetidos devem chamar a atenção e fazer procurar sistematicamente uma diabetes latente, permitindo assim a utilização de todas as formas de prevenção desta doença. Com efeito, é notável verificar que num indivíduo que apresenta uma intolerância à glicose (cf. p. 120), a correcção deste problema através de um re-

_____ Doenças que se pode PREVENIR

gime bem feito e um aumento do exercício físico provocam, ao mesmo tempo, o desaparecimento dos episódios infecciosos.

Prevenção das infecções nosocomiais

São infecções contraídas todos os anos por doentes hospitalizados. Em França, registam-se 800 000 casos por ano com, por consequência, 10 000 mortos. O problema é tanto mais grave já que as espécies bacterianas hospitalares são mais frequentemente resistentes aos antibióticos.

A prevenção passa por um aumento do rigor na aplicação da higiene geral (cf. p. 140), nas técnicas de esterilização e no respeito pelos cuidados a ter com o material descartável. Com efeito, somos obrigados a verificar que, por razões económicas, este material é por vezes reutilizado após esterilização. Mas esta pode ser insuficiente se a descontaminação prévia for mal feita. O material torna-se então fonte de contaminação.

A fitoterapia

Há meios menos agressivos do que as vacinas para estimular as defesas imunitárias. Os que aqui se propõem não são específicos, o que significa que são válidos para qualquer tipo de infecção.

A equinácia é uma planta importante para reforçar as defesas de modo não específico contra as doenças infecciosas. Tomar 100 mg de extracto seco 4 vezes ao dia, na forma de gélulas ou comprimidos, escolhendo um preparado que tenha pelo menos 3,5 % de equinósidos.

Outras plantas também são recomendadas. Pode beber-se, em alternância, infusões de gengibre, salva, ulmo vermelho e tomilho, à razão de 2 a 4 chávenas por dia. A infusão prepara-se deitando uma colher de café de cada planta em 250 cm^3 de água muito quente. Não deixar ferver e conservar dez minutos em contacto e, depois, filtrar e beber quente ou frio, de preferência sem açúcar.

A homeopatia

A homeopatia possui uma riquíssima panóplia de remédios muito úteis para prevenir o risco infeccioso, tanto nas situações agudas como para as infecções com tendência a tornar-se crónicas. Remédios como Silicéa, Hépar Sulfur, Belladonna, Mercurius solubilis, Ferrum phosphoricum, Gelsemium, Eupatorium, Bryonia têm efeitos profundos nas regulações imunitárias.

Qualquer pessoa pode praticar uma automedicação sensata utilizando os livros de divulgação disponíveis. Para as situações mais delicadas, recomenda-se que recorra a um bom médico homeopata.

A nutriterapia

Visa o controlo dos radicais livres que agridem as defesas imunitárias. Por isso, é recomendado utilizar os micronutrientes disponíveis para reforçar as defesas anti-radiculares das células.

Todos estes produtos devem ser tomados associados em 2 ou 3, em alternância, ao longo de várias semanas, principalmente durante períodos de epidemia, segundo o protocolo proposto na página 82.

A obesidade

Seres humanos cada vez mais gordos

Segundo a Organização Mundial de Saúde, que publicou recentemente um volumoso relatório que reúne os trabalhos da «International Obesity Task Force», a obesidade tornou-se uma epidemia mundial, portanto uma pandemia, um problema maior de saúde pública, ainda mais importante do que a subnutrição e as doenças infecciosas. É actualmente a primeira «doença» não infecciosa que afecta tanto os países industrializados como os países em desenvolvimento.

A obesidade é um estado caracterizado por um excesso de massa adiposa generalizada nas diversas zonas gordas do organismo.

A norma internacional para avaliar o excesso de peso e a obesidade é o Índice de Massa Corporal (IMC) definido pelo peso (em kg) dividido pelo quadrado da altura (em m): kg/m^2.

Deste modo, uma mulher que meça 1,68 m e pese 58 kg tem um IMC igual a 58 : $(1,68)^2$, ou seja, 20,5.

A obesidade é então definida por um IMC superior a 30.

As seguintes classes de IMC permitem avaliar a obesidade nas populações adultas:

– Excesso de peso ou pré-obeso: IMC = 25 a 29,9.
– Obesidade: IMC = 30.

– obesos de classe I: IMC de 30 a 34,9;
– obesos de classe II: IMC de 35 a 39,9;
– obesos de classe III: IMC superior a 39,9.

Para resumir numa frase chocante a opinião dos melhores especialistas, pode dizer-se que dos 6 mil milhões de indivíduos que vivem no planeta, 3 mil milhões são subalimentados e os outros estão em vias de se tornar obesos!

A OMS calcula que, actualmente, entre 5 e 10 % da população mundial adulta sofra de obesidade, ou seja, cerca de 300 a 600 milhões de pessoas.

Os Estados Unidos estão no topo com 50 % da sua população em excesso de peso e 30 % francamente obesos.

30 % da população europeia tem excesso de peso e a situação em França é apenas ligeiramente melhor porque conta com 4 milhões de obesos (100 a 200 000 em estado de obesidade maciça [IMC > 40]) e 13 milhões com excesso de peso, ou seja, 28,3 % dos seus habitantes.

A obesidade das crianças é assunto de preocupações para os serviços de saúde em todo o mundo.

Em França, a proporção actual de crianças com excesso de peso e obesas alcança o valor de 16 %, enquanto não ultrapassava os 5 % em 1980. Se nada for feito, daqui a vinte anos, haverá 40 % de obesos entre os adultos franceses.

Esta preocupante progressão não poupa os países menos favorecidos, onde aparecem crianças obesas logo que aumenta o nível de vida de algumas camadas da população.

Este aumento da obesidade reflecte as mudanças profundas da sociedade e dos comportamentos individuais. São, portanto, causas sociais e resultam de um ambiente tóxico que, deste há trinta anos, promove um modo de vida sedentário e o consumo excessivo de uma alimentação rica em gorduras e produtos muito energéticos.

É verdade que nos podemos tornar obesos, em parte, devido a uma predisposição genética para ganhar rapidamente peso em caso de exposição a regimes alimentares e a modos de vida nocivos para a saúde. Todavia, é na evolução anárquica da alimentação que se deve procurar as raízes da epidemia.

Daí resultam grandes dificuldades para tratar a obesidade ao ponto de ser preferível recomendar que não se acumule excesso de peso em vez de se tentar perder peso.

Mais vale prevenir do que CURAR

Se nada for feito desde já para travar esta epidemia, milhões de pessoas sofrerão de doenças graves durante as próximas décadas. Com efeito, as consequências da obesidade sobre a saúde a médio e a longo prazo são numerosas: risco acrescido de morte prematura, doenças cardiovasculares, acidentes vasculares cerebrais, hipertensão arterial, diabetes não insulinodependente, certas formas de cancro, doenças da vesícula biliar, problemas articulares e complicações respiratórias.

Prevenção da obesidade

Segundo o professor Basdevant (hospital Hôtel-Dieu de Paris), especialista em obesidade, como esta doença tem tendência para se auto-agravar, é necessário intervir cedo no processo. Com efeito, quanto mais numerosas forem as tentativas de emagrecimento, mais dificuldades tem o paciente para perder o excesso de peso. Portanto, o tratamento da obesidade deve ser, antes de tudo, preventivo, tanto no adulto como na criança.

O relatório da OMS acima citado sugere que se adopte medidas de prevenção universais em mais acções específicas dirigidas aos grupos de alto risco. Entre as medidas possíveis, o doutor Stéphane Rössner da universidade de Huddinge, na Suécia, propõe que se concentre mais os esforços nos hábitos saudáveis de vida do que no controlo do peso.

Desde modo, as lojas deviam estar localizadas na vizinhança e não nos centros comerciais onde o automóvel se torna essencial; a planificação urbana deve prever o acesso a passeios e a faixas para velocípedes; os arquitectos devem tornar visíveis as escadas em vez de as esconder em saídas de emergência, etc.

Com efeito, a obesidade é praticamente sempre consequência da associação de um comportamento sedentário com um excesso de consumo alimentar. A luta contra a sedentariedade passa, portanto, por uma retoma progressiva da actividade física (cf. p. 18).

Comer menos e melhor

Fornecemos aqui oito conselhos de bom senso a levar em conta para que se faça uma boa adaptação alimentar quando se tem tendência para ganhar peso.

1. *Não fazer uma dieta draconiana e restritiva*, salvo em casos de doenças específicas que a isso obriguem.

A obesidade atrai os charlatães que vêem aí um chorudo campo de exploração. Do curandeiro à estrela que procura publicidade, cada qual inventa «o seu regime» explicado por uma afirmação simplista do género: «Nunca se deve comer açúcares e gorduras ao mesmo tempo». Mesmo que, de início, se obtenham alguns resultados ao aplicar estas prescrições, raramente são duráveis.

2. *Uma alimentação variada.* Não se deve excluir qualquer categoria de alimentos; por exemplo, banir as gorduras ou os açúcares. Pelo contrário, deve conservar-se uma alimentação muito variada que forneça a grande diversidade de micronutrientes (oligo-elementos, vitaminas, antioxidantes) de que o corpo necessita.

3. *Objectivos sensatos.* A finalidade é obter uma diminuição de peso moderada, regular e duradoura. Por isso, as restrições demasiado severas devem ser banidas, porque são muitas vezes rapidamente abandonadas. Portanto, é necessário diminuir progressivamente todas as porções ingeridas e tentar respeitar as recomendações do «regime mediterrânico» (ver. p. 37). Reduzir a alimentação a um terço ajudará a perder vários quilos sem, porém, exigir um esforço incomportável.

4. *Ser perseverante.* Este esforço de adaptação constitui uma alteração dos hábitos geralmente enraizados desde há anos. Apesar das boas intenções que animam quem pretende fazer dieta, as dificuldades são sempre subestimadas. Portanto, deve possuir uma vontade sólida para evitar as desistências no caminho. Estes desfalecimentos que fazem perder a confiança tornam as coisas ainda mais difíceis quando se tenta de novo.

5. *Atenção aos alimentos ditos «de dieta».* Estes produtos «light» nem sempre são pobres em calorias. Por isso, é necessário aprender a ler sistematicamente as informações indicadas nos produtos que devem obrigatoriamente fornecer a sua composição em glícidos, lípidos e proteínas, assim como o equivalente calórico global por 100 gramas.

6. *Resistir às tentações.* Geralmente sente-se um pouco de fome quando se reduz a quantidade de alimentos, sobretudo no início. Por conseguinte, é preciso estar atento para evitar comer entre as refeições. Os bolinhos secos, os biscoitos com compota ou os frutos secos fornecem, num peso reduzido, quantidades impressionantes de calorias. Do mesmo modo, deve evitar-se a irregularidade. Uma refeição «excepcional» bem regada pode perfeitamente fazer ganhar 2 a 3

quilos que só se perdem em dois ou três dias devido a uma retenção da água. Estes episódios são particularmente desanimadores e provocam muitas vezes a desistência do esforço.

7. *Acompanhar a redução das reservas de gordura.* Para isso, deve adquirir uma balança dotada de um impedancímetro. Estas novas balanças, que agora começam a estar acessíveis às pessoas comuns, custam menos de 100 euros. Dão em cada pesagem a percentagem de gorduras do corpo. Quando o regime é correctamente seguido, a percentagem baixa muito regularmente uma vez que o organismo vai buscar às reservas parte da energia necessária à vida quotidiana. Este resultado concreto, que pode ser visualizado todas as semanas ou até todos os dias, é particularmente estimulante para o prosseguimento do esforço.

8. *Manter um diário de bordo.* Esta verdadeira aventura que é a perda de peso permite que cada pessoa aprenda a conhecer melhor o corpo e a sua alimentação, a redescobrir sabores, a apreciar comer mais lentamente quantidades inferiores de alimentos seleccionados, a compreender os seus acessos de bulimia, a explorar as relações que há entre a comida e os episódios da vida. Registar tudo isto num caderno, com as observações inesperadas que podem surgir, é um bom exercício para se encorajar a continuar.

Truques para comer menos

— Comer mais lentamente. As pessoas com excesso de peso comem quase sempre depressa e, por isso, ingerem quantidades maiores.

— Comer bocados pequenos e mastigar bem os alimentos antes de engolir. Entre dois bocados, esforçar-se por pousar os talheres. Deve evitar qualquer precipitação.

— Parar de comer assim que deixa de ter fome, mesmo que se saiba que esta poderá voltar dentro de pouco tempo. O corpo deve reaprender a não exigir sempre mais.

— Não se deve sentir obrigado a comer todo o conteúdo do prato. Não é um esbanjamento, porque não é obrigatório deitar fora o que sobra; deste modo, aprende-se, a pouco e pouco, a calcular as verdadeiras necessidades do corpo.

— Utilizar pratos de pequenas dimensões. É um artifício, mas que, no início, permite limitar as porções se houver o cuidado de não repetir o prato.

- Servir porções reduzidas relativamente às que tinha o hábito de comer.
- Fazer um esforço, em todos os casos, para não repetir o prato, mesmo que a tentação seja grande.
- Tomar a refeição à mesa, concentrando-se no prato; por isso, banir a televisão, o rádio, o jornal ou um livro.

A cronodietética

Todas as hormonas seguem um ritmo circadiano (segundo as vinte e quatro horas do dia) que começa a ser cada vez mais bem conhecido. Três delas têm grande influência sobre a alimentação e a utilização dos nutrientes: o cortisol, a insulina e a hormona de crescimento. Na sequência de numerosos estudos recentes, começa agora a ser possível, utilizando rigorosamente estas noções, adaptar a alimentação aos ritmos biológicos.

Na prática:
- A refeição ideal da manhã deve ser composta por glícidos lentos, lípidos e proteínas. Trata-se de uma espécie de mistura harmoniosa do pequeno almoço continental com o pequeno almoço anglo-saxónico; pão integral de preferência, queijo, manteiga, ovos, duas a três vezes por semana. Estes alimentos serão utilizados essencialmente como fonte de energia. O forte teor em colesterol dos ovos permite bloquear a síntese desta molécula que se dá ao início da tarde no fígado e, portanto, reduzir a colesterolemia.
- Ao almoço, comer uma carne magra de preferência ou um peixe (mesmo gordo), glícidos em quantidade limitada, legumes e frutos frescos em abundância.
- às 17 horas, um lanche pequeno composto essencialmente de frutos que forneçam glícidos.
- À noite, comer poucos glícidos, mas mais proteínas na forma de um peixe gordo e lípidos insaturados como o azeite ou colza, sem esquecer as fibras que se encontram na alface ou nos espinafres em salada.

O respeito por este calendário diário, combinado com as recomendações gerais sobre a alimentação (cf. pp. 19 ss.), faz maravilhas tanto para emagrecer os gordos como para fazer os magros ganhar peso (o que muitas vezes é uma tarefa ainda mais difícil).

O jejum

O jejum tem má fama em França, enquanto na Alemanha há numerosas clínicas em que é possível praticá-lo sob controlo médico.

O princípio do jejum é simples. Ao passo que, habitualmente, o corpo utiliza, à medida das suas necessidades energéticas, os alimentos que absorve, o jejum propõe obrigá-lo a utilizar as reservas para as fazer desaparecer quando são excessivas. Para isso, basta deixar de se alimentar absorvendo apenas água. A falta de fornecimento de açúcar e o consumo automático, em vinte e quatro horas, de toda a reserva de glicogénio do fígado, obrigam o corpo a recorrer às reservas de gorduras e eventualmente às suas proteínas musculares.

Esta capacidade de utilizar as reservas de lípidos está programada nas nossas células desde há milénios. De facto, terá sido deste modo que os homens pré-históricos sobreviveram quando estavam obrigados, pela falta de recursos alimentares, a jejuar.

Na prática, deve diminuir progressivamente a alimentação durante três ou quatro dias antes de deixar mesmo de comer. O regresso a uma alimentação normal, após alguns dias bebendo apenas água, deve também ser lento.

É claro que esta prática necessita de uma verdadeira preparação mental e exige, de preferência, condições propícias, ou seja, um lugar tranquilo e um ambiente favorável.

Em relação à obesidade e à sua prevenção, o jejum é certamente uma prática que pode fazer parte da panóplia dos meios eficazes para quem quiser ir um pouco mais longe no conhecimento de si mesmo.

Prevenção na criança

A situação crítica das crianças face à obesidade (cf. p. 149) levou três professores de Lille – Philippe Froguel, Jacques Weill e Jean-Michel Lecerf – a lançar um apelo aos políticos por ocasião das eleições presidenciais francesas de Maio de 2002, no qual reivindicavam:
— a alteração dos regulamentos sobre a etiquetagem nutricional a fim de a tornar obrigatória e compreensível;
— a regulamentação da publicidade alimentar destinada às crian-

ças de modo a que favoreça um melhor equilíbrio nutricional e induza uma educação alimentar;
– o encorajamento do aleitamento materno mediante uma vasta campanha de informação concentrada nas jovens, crianças, pais de família e médicos;
– a reflexão sobre a venda de alimentos e bebidas nos estabelecimentos escolares;
– a instauração de aulas de cozinha nos estabelecimentos escolares;
– o aumento dos efectivos e da formação em nutrição dos médicos e enfermeiros e a realização de uma despistagem sistemática do excesso de peso a partir do ensino básico;
– a duplicação do número de horas de desporto na escola, torná-lo obrigatório na universidade, aumentar o número de instalações desportivas nas freguesias e facilitar o seu acesso livre e seguro;
– o aumento do número de faixas para velocípedes nas cidades e nas aldeias e fazer com que em todas as estradas haja passeios para peões e faixas de velocípedes;
– o encorajamento da investigação em epidemiologia e da criação de um instituto de estudos sobre a obesidade infantil.

Todas estas medidas, que emanam de três reputados especialistas dos problemas de nutrição e de obesidade, têm o selo do bom senso. Mas impõem alguns comentários, porque, embora pareçam de simples aplicação, percebe-se bem, na análise, que exigem uma verdadeira coragem política – que raramente é apanágio dos políticos – para enfrentar os grandes grupos empresariais agro-alimentares.

Não se percebe muito bem por que razão nem todos os produtos apresentam um rótulo que indique a sua composição em glícidos, lípidos e proteínas, assim como o seu valor calórico por 100 gramas. Estas indicações há muito que são obrigatórias. Contribuem para uma educação alimentar básica que dará os seus frutos nos anos vindouros.

No que respeita aos produtos ditos «light», poderiam acompanhar-se de um texto que explicasse com rigor qual é a fracção nutricional que foi aligeirada e, sobretudo, o que isso realmente representa em relação a um produto não aligeirado. Poderíamos assim verificar que, em muitos casos, o benefício não é muito grande em relação à perda de sabor, logo do prazer de comer, que deve ser absolutamente conservado durante uma dieta.

A publicidade alimentar destinada às crianças é particularmente escandalosa. É claro que os incitamentos ao consumo de bebidas gasosas que contêm até 100 gramas de glicose por litro deviam cair na alçada da lei! O mesmo se passa em relação aos gelados e sorvetes geralmente muito concentrados em açúcares, os fritos muito concentrados em gorduras ou os chocolates de leite que acumulam quantidades impressionantes destes dois nutrientes num reduzido volume.

A educação alimentar e o ensino da cozinha deveriam ser assegurados desde a escola primária. No ensino secundário, os programas de biologia deviam obrigatoriamente contemplar uma parte importante sobre a alimentação, a fisiologia digestiva e as doenças ligadas aos erros alimentares. Quando fazemos conferências sobre estes temas, ficamos espantados com a ignorância básica de grande parte da população. Daí resulta uma incapacidade de ler os artigos ou livros de divulgação que são numerosos, mas que exigem um mínimo de conhecimentos. Além disso, esta ignorância é aproveitada pelos gurus de toda a espécie que preconizam «regimes milagres» baseados em argumentações fantasistas com perspectivas lucrativas cuidadosamente dissimuladas.

No que respeita ao corpo médico e aos enfermeiros, é verdade que a indigência dos programas sobre a nutrição é aflitiva e demonstra bem esta ausência de tomada de consciência da importância da prevenção, ao mais alto nível dos responsáveis da Universidade.

O aleitamento materno é, evidentemente, o melhor para a criança. Assiste-se a um certo ressurgimento, mas ainda continua a ser pouco praticado. Contudo, apesar dos progressos realizados na composição dos leites artificiais, as futuras crianças obesas são essencialmente aquelas alimentadas a biberão.

Devia ser dada maior atenção à composição das ementas das cantinas escolares com um forte incitamento ao consumo de legumes, frutos e peixe.

Nestes estabelecimentos não se devia servir qualquer bebida açucarada. Ao mesmo tempo, devia haver uma vigilância real para que as crianças considerassem a refeição como um verdadeiro momento de alegria convivial e para que absorvessem realmente o conteúdo dos seus pratos.

O número de horas de desporto é, com efeito, irrisório em França e os equipamentos desportivos são ainda insuficientes. De uma forma geral, favorecer o exercício físico em todas as suas formas é uma medida urgente. Nunca é de mais dizer que o ser humano é um ser de movimento, e certamente ainda mais a criança, que manifesta incessantemente o seu desejo de se mover, de utilizar o corpo para explorar o mundo. Só desde há algumas dezenas de anos é que o homem se deixou vencer pela «inércia física» e envolveu a sua progenitura neste comportamento aberrante. Neste sentido, tudo o que incita a evitar os meios de transporte motorizados individuais é bem vindo. Em primeiro lugar, favorecer a marcha e a utilização da bicicleta, reservando vias especiais e protegidas para o efeito. Seria assim muito útil proceder severamente contra as motos e motorizadas que invadem sistematicamente os passeios para evitar os engarrafamentos, com o risco de provocar acidentes graves, sobretudo nas crianças. Reservar os passeios para as pessoas que «passeiam» parece, com efeito, corresponder a uma lógica inatacável.

A proposta em relação ao IVA também tem muito bom senso. Aumentar o preço dos restaurantes de «fast-food» torna mais leal a competição entre estes e a restauração tradicional. Parece que o governo francês actual decidiu o contrário, ou seja, reduzir as duas taxas para 5,5 %, o que vai dar no mesmo em relação ao resultado esperado, a saber, uma desafectação dos jovens pela restauração rápida.

Por último, no que respeita à investigação em epidemiologia da obesidade, só nos podemos aliar a esta reivindicação urgente que, finalmente, abriria caminho a verdadeiros estudos de prevenção numa grande escala.

Em suma, trata-se de um vasto trabalho a fazer que implica uma transformação das mentalidades, portanto um esforço constante durante dezenas de anos.

A fitoterapia

Não há uma planta para prevenir ou tratar a obesidade. Com efeito, as virtudes dos simples (como se dizia antigamente) são múltiplas, e é geralmente a associação ou a alternância de várias plantas que pode fazer prodígios e ajudar as pessoas a assegurarem a regulação do corpo de forma a mantê-lo com o peso certo.

O doutor Jean Valnet, autor unanimemente reconhecido de um tratado de fitoterapia muito completo, recomenda duas misturas:
1. Uva-ursina (folhas) 10 g, alquemila (toda a planta) 10 g, sabugueiro (raiz) 20 g, erva-coalheira (flores) 50 g, ájuga (raiz) 20 g, bétula (folhas) 100 g.
2. Sabugueiro (raiz) 20 g, cavalinha (toda a planta) 20 g, aciano (flores) 10 g, alquemila (toda a planta) 10 g, bétula (folhas) 100 g.

Estas duas fórmulas podem ser utilizadas em alternância. Fazer uma decocção a 40 g de mistura por litro e beber três chávenas ao dia durante curas de três semanas, repetindo várias vezes ao ano, em especial acompanhando esforços de restrição alimentar. Com efeito, os princípios activos destas plantas – pelas suas virtudes diurética (aumento do funcionamento dos rins), depurativa (estimulação da eliminação dos produtos tóxicos), purgativa (estimulação da eliminação intestinal) e redutora do apetite – contribuem para harmonizar os metabolismos.

Por último, para aqueles que vivem no campo, a reintrodução do dente-de-leão nas ementas pode constituir um trunfo não negligenciável. As folhas e raízes utilizadas na salada em vez da alface ou mesmo misturada com esta fornecem a sua acção diurética e depurativa.

Estas mesmas propriedades encontram-se no aipo e no agrião, que devem ser acrescentados à ração quotidiana durante as fases de dieta.

A homeopatia

Prática rainha da prevenção, tem evidentemente aqui o seu lugar, mas exige a intervenção de um médico competente que possa prescrever os remédios de terreno adequados a cada pessoa.

Enquanto espera pela consulta, é possível acalmar um apetite excessivo optando entre três remédios:
– Antimonium crudum 5 CH, 1 grânulo de manhã e à noite em caso de apetite exagerado por todos os alimentos.
– Anacardium 15 CH, 1 grânulo de manhã e à noite em caso de apetite exagerado com irritabilidade aumentada pelo consumo de alimentos.
– Ignatia 9 CH, 1 grânulo de manhã e à noite em caso de fomes caninas provocadas por emoções.

A nutriterapia

Três oligo-elementos são indicados para ajudar a reequilibrar as glândulas endócrinas: o zinco, o crómio e o níquel.

Podem ser encontrados nos legumes frescos como a beterraba, brócolos, cogumelos, couves, espinafres, lentilhas, cereais integrais, germes de trigo, levedura de cerveja, mariscos, condimentos como o tomilho, chá preto, salsa, pimenta.

Pode utilizar-se especialidades que os reúnem na forma de sais químicos como o Zinco-Níquel-Cobalto do laboratório Labcatal.

Devemos assinalar também um complemento alimentar, Oligo-céan minceur, constituído por 4 algas marinhas (Fucus, Ascophyllum nodosum, Chondrus crispus e Spiruline) a tomar na forma de 2 copos de manhã, tarde e noite.

Notemos, por último, que todas as vitaminas antioxidantes, vitamina A, vitamina C, â caroteno, podem ser fornecidas por uma alimentação rica em frutos e legumes frescos. Associadas a outros micronutrientes, podem ser tomadas de acordo com o protocolo proposto na p. 82.

A acupunctura

Tem a sua importância na prevenção e tratamento da obesidade; por um lado, graças à sua actividade neurosedativa e, por outro, devido ao seu grande poder de regulação geral das energias. Contudo, exige um médico certificado que conheça realmente a medicina chinesa e não se limite a uma «agulhoterapia aleatória».

A osteoporose

Ossos fragilizados

Se nos ativermos à etimologia, a osteoporose é uma porosidade progressiva dos ossos que se tornam «esburacados», menos densos, logo frágeis e vulneráveis até aos mais pequenos choques. Daqui resulta um aumento da frequência das fracturas causadas por quedas, especialmente nos ossos compridos (fémur, antebraço, braço) e nas vértebras que se quebram com a pressão exercida pelo peso do corpo.

Esta porosidade é, por sua vez, consequência de uma perda de cálcio, que é um dos principais constituintes do tecido ósseo e o que lhe confere a rigidez. Com efeito, um corpo humano contém cerca de um quilograma de cálcio, 99 % do qual está contido nos ossos e nos dentes.

Apesar do seu aspecto sólido e compacto e da sua morfologia muito estável na idade adulta, os ossos são tecidos que, tal como todos os outros tecidos do organismo, se regeneram permanentemente. Destruição e reconstrução estão assim em acção em cada segundo durante toda a vida de um indivíduo.

Na primeira parte desta vida, desde o nascimento até cerca dos trinta anos, a construção óssea é maior do que a destruição. Este facto é particularmente evidente durante o crescimento da criança, que passa de cinquenta centímetros quando nasce até a uma média de 1,75 m no final da adolescência. Nesta idade, o aumento da massa óssea começa a abrandar e atinge o seu limite entre os trinta e os trinta e cinco anos.

Depois desta idade, a destruição é maior do que a construção, e a perda de massa óssea é, todos os anos, da ordem de um por cento. Desde modo, por volta dos setenta anos, a densidade óssea em cálcio diminuiu normalmente um terço! Compreende-se, portanto, que se dê hoje grande relevância à aquisição de um importante capital ósseo no final da adolescência. Quando maior for este capital, menos a perda fisiológica de cálcio a partir dos trinta e cinco anos terá consequências sobre a fragilidade óssea.

Osteoporose e menopausa

No que respeita ao risco de osteoporose, as mulheres são «penalizadas» relativamente aos homens. Com efeito, nas pessoas com mais de cinquenta anos, esta doença afecta uma mulher em cada quatro, enquanto atinge apenas um homem em cada oito. Isto deve-se a certas diferenças importantes entre os sistemas hormonais dos dois sexos. De facto, a partir da menopausa, que marca, por volta dos cinquenta anos, a paragem da função ovariana, a secreção dos estrógenos é consideravelmente reduzida e esta redução influencia directamente a massa óssea que pode então diminuir 3 a 4 % ao ano durante cinco ou seis anos. Percebe-se que a perda possa ser então considerável, tanto mais que a massa óssea da mulher é fisiologicamente mais fraca do que a do homem.

A diminuição progressiva da massa óssea não causa qualquer sintoma. Por isso, a descoberta de uma osteoporose grave é geralmente fortuita na ocasião de um exame radiológico realizado no seguimento de uma fractura.

Num estado avançado da doença, podem manifestar-se dores de costas repetidas, assim como uma curvatura ao nível dos ombros e uma diminuição da altura que por vezes chega a vários centímetros.

O principal risco directamente relacionado com a perda de massa óssea é a fractura, principalmente do colo do fémur, do punho e das vértebras (microfracturas com compressão e dores). De modo muito frequente, estas fracturas têm como consequências uma severa redução da qualidade de vida e um importante custo social. Com efeito, 50 % dos pacientes que sofreram uma fractura da anca perdem a independência em definitivo e este episódio multiplica por oito o risco de falecimento.

Os responsáveis pela saúde pública admitem agora que a prevenção da osteoporose devia ser considerada como uma urgência, uma vez que esta doença não é inevitável e o seu custo humano e económico é considerável.

A partir dos cinquenta anos, 40 % das mulheres e 12,5 % dos homens são atingidos por esta doença.

A osteoporose gera desconforto e incapacita 33 % das mulheres entre 60 e 70 anos, assim como 67 % das mulheres e 12 % dos homens com 80 anos ou mais. Um cidadão europeu em cada oito sofre de fracturas vertebrais que provocam dores e que incapacitam.

É responsável pela maioria das fracturas do colo do fémur que afectam todos os anos mais de 400 000 mulheres só na União Europeia. Em função da progressão actual, se nada for feito, este valor deverá atingir o milhão em 2050.

Se somarmos todas as fracturas causadas pela osteoporose na Europa e nos Estados Unidos, chegamos a um total impressionante de 2,3 milhões.

Após os 50 anos de idade, uma mulher corre tantos riscos de morrer de uma fractura do colo do fémur como de um cancro da mama. Com efeito, embora a fractura não seja imediatamente mortal, as consequências operatórias são agravadas por uma pesada mortalidade.

Prevenção da osteoporose

A prevenção da osteoporose exige um programa de grande duração centrado na obtenção de uma massa óssea máxima em todos os adolescentes, com uma atenção particular às raparigas, seguida de um consumo de cálcio suficiente para toda a vida de forma a «compensar» tanto quanto possível a sua perda fisiológica.

Quando já se sofre de osteoporose, a prevenção é feita sobre o risco de fracturas, que aumenta com a idade dos indivíduos e com o desenvolvimento da doença.

Como dissemos, os numeroso estudos realizados nestes últimos anos sobre a evolução da massa óssea desde o nascimento até à idade adulta destacaram a importância do capital ósseo acumulado por volta dos vinte anos. Insistimos portanto nos fornecimentos de cálcio durante a infância e a adolescência, dando atenção às refeições, especialmente as escolares. As porções quotidianas devem permitir a assimilação de 1000 a 1500 mg de cálcio por dia.

Alimentação, cálcio e vitamina D
O corpo não pode produzir o seu cálcio.

Este provém, portanto, da alimentação ou da reciclagem do cálcio contido nos ossos ou nas células. Com efeito, o esqueleto constitui o reservatório de cálcio do organismo, que é utilizado para as necessidades de todas as células se o cálcio contido no sangue for insuficiente. Além disso, é necessário ter em conta uma eliminação quotidiana de cálcio pelas urinas e fezes que corresponde ao ciclo fisiológico normal deste elemento.

Por último, devemos lembrar que a fixação do cálcio nos ossos precisa da intervenção da vitamina D que provém de duas fontes: uma síntese que se efectua na pele por influência directa dos raios ultravioletas vindos do sol e a alimentação em que esta vitamina é bastante rara.

Em suma, a qualidade da nossa alimentação desempenha assim um papel muito importante na prevenção da osteoporose.

Os produtos lácteos são conhecidos por fornecerem muito cálcio num pequeno volume.

As quantidades de cálcio recomendadas diariamente são as seguintes:
– dos 10 aos 16 anos: 900 a 1400 mg;
– dos 17 aos 20 anos: 1200 mg;
– dos 21 aos 50 anos: 1000 mg;
– mais de 50 anos: 1000 a 1500 mg segundo a densidade óssea.

Doenças que se pode PREVENIR

Também se deve dar grande importância aos frutos e legumes. Com efeito, a ingestão diária de 300 g de fruta e 300 g de legumes fornece 20 % das necessidades em cálcio e magnésio e aumenta consideravelmente o poder alcanizante do bolo alimentar, o que favorece a luta conta a osteoporose.

Aumentar as porções de frutos e legumes

O esqueleto, pela quantidade de cálcio que possui (1 kg por pessoa), desempenha um papel tampão essencial no controlo do equilíbrio acidobásico do organismo. Um excesso de ácido provoca uma fuga de cálcio eliminado pelos rins nas urinas. Sendo as proteínas tão indispensáveis como o cálcio para reconstituir os ossos do indivíduo que sofre de osteoporose, a questão é escolher a melhor fonte dessas proteínas.

As proteínas animais da alimentação (carnes vermelhas, aves, peixe), ricas em sulfatos e em fosfatos, são importantes fontes de ácidos. Inversamente, a fruta, legumes e leguminosas, ricos em citrato de potássio, têm um efeito alcalinizante. É por isso que os vegetarianos têm urinas alcalinas e muito pobres em cálcio. Por conseguinte, deve recomendar-se, não um estrito regime vegetariano, mas um aumento considerável das porções de fruta e legumes.

Numerosos estudos demonstraram agora o efeito muito benéfico deste tipo de alimentação sobre a densidade óssea e sobre o metabolismo ósseo seja qual for a faixa etária.

Deve acrescentar-se que este regime permite, além disso, um maior fornecimento em micronutrientes (cf. p. 26) como os polifenóis (alguns deles, como as isoflavonas e as ligninas são dotados de propriedades fitoestrogénicas), os antioxidantes (principalmente a quercetina e a vitamina C) ou a vitamina K indispensável à regulação da osteocalcina, proteína presente no tecido ósseo onde participa de forma essencial na regulação da mineralização.

A actividade física

Recomendar a actividade física como forma de prevenção é uma prescrição incessantemente repetida ao longo de todo este livro de tal modo ela é importante (cf. pp. 18 e 126).

No caso da osteoporose, este conselho é apoiado por numerosas observações coincidentes. Deste modo, nos doentes acamados durante longos períodos, regista-se uma considerável eliminação urinária de cálcio e uma perda progressiva de massa óssea. Igualmente, as pessoas sedentárias perdem mais cálcio do que as que são fisicamente muito activas.

Numerosos estudos recentes efectuados sobre grande número de voluntários demonstraram que a simples marcha quotidiana tem importantes efeitos preventivos. Para se obter um resultado claro, devemos caminhar cerca de 6 quilómetros por dia, percurso que pode ser efectuado num ritmo fixo ou em passeio. É claro que podemos, tranquilamente, caminhar mais, andar de bicicleta, praticar um desporto fora de competição, jardinar, fazer *bricolage*, todas elas actividades que mobilizam o corpo e, singularmente, põem em movimento as nossas massas musculares, as articulações e os ossos.

O tabagismo

Fumar contribui para diminuir a assimilação do cálcio. Com efeito, observa-se uma maior incidência da osteoporose nos fumadores do que nos não-fumadores, principalmente entre as mulheres. Este facto parece estar associado a uma diminuição das taxas das hormonas estrógenas nas fumadoras, que provoca uma diminuição da massa óssea. A chegada da menopausa é, além disso, mais precoce nas mulheres que fumam, o que desencadeia mais cedo o processo de perda óssea.

Álcool e café

O risco de osteoporose é agravado pelo consumo excessivo de café e de álcool. As quantidades recomendadas para evitar este fenómeno são as seguintes: não ultrapassar duas a três chávenas de café e dois copos de vinho por dia.

A fitoterapia

A cavalinha é recomendada pelas suas virtudes remineralizantes. Deve fazer-se uma decocção (50 a 100 g da planta fresca ou 20 g da planta seca por litro de água a ferver durante trinta minutos). Tomar duas a três chávenas por dia.

A nutriterapia

Numerosos complementos alimentares são propostos para permitir fornecer aquilo que falta no regime alimentar. Os que propõem cálcio de origem mineral ou pó de conchas de moluscos marinhos ou ainda pó de osso são de rejeitar, porque o cálcio que contêm é muito pouco ou nada assimilável. Em contrapartida, o cálcio contido numa alga muito mineralizada, o litotâmnio, é perfeitamente absorvido e, por isso, a aconselhar.

Outros oligo-elementos e vitaminas são muito úteis na luta contra a osteoporose:
- a vitamina D à razão de 5µg, duas vezes ao dia;
- a vitamina C à razão de 100 a 200 mg por dia, de preferência na forma de acerola;
- o magnésio à razão de 250 mg, duas vezes ao dia.

Segundo a importância dos sinais precursores da osteoporose, deve fazer-se curas dois em cada três meses, ou cinco em cada seis.

A homeopatia

Excelente medicina de prevenção, é eficaz na osteoporose, mas exige a intervenção de um médico competente que possa prescrever os remédios de terreno adequados a cada pessoa e a cada momento da evolução da doença.

Três remédios podem ser tomados, enquanto espera a consulta de um médico homeopata:

Silicea 15 CH, 1 dose por semana; Symphytum 9 CH e Calcarea Phosphorica 7 CH, 1 grânulo de cada antes do jantar durante vários meses.

Prevenção das fracturas

Estudos recentes demonstraram que um suplemento de vitamina K exerce um claro efeito preventivo relativamente a este risco.

Não se conhece nenhuma carência de vitamina K, em que uma parte é de origem alimentar enquanto a outra provém da sínteses das bactérias intestinais. Esta acção benéfica não se deve, portanto, à compensação de uma carência.

O consumo médio suplementar para diminuir o risco de fracturas deve ser de 170µ/j, enquanto a quantidade diária suficiente é habitualmente de 45 a 60 µg.

Como a vitamina K só pode ser vendida mediante receita médica, deve recorrer-se às fontes alimentares, as melhores das quais são: o chucrute e a couve vermelha que fornecem 1500µg/100 g, a couve de Bruxelas 570 µg/100g, os espinafres 350 µg, a couve-flor 300 µg e a alface 200 µg.

A surdez

Mais geralmente designada por deficiência auditiva, para insistir, por um lado, no aspecto muito variável desta doença segundo a idade e as circunstâncias da vida e, por outro, nas causas muito numerosas que conduzem a diferentes níveis de redução da acuidade auditiva que define a surdez, seja qual for o seu grau.

A perda de acuidade auditiva é, na imensa maioria dos casos, muito progressiva e indolor.

A perda brutal regista-se em certas afecções virais que obrigam a uma hospitalização de urgência. A dor regista-se nos níveis sonoros acima dos 120 decibéis (ver à frente).

Em França, quatro milhões de pessoas são deficientes auditivas: 2 milhões com deficiências ligeiras, 1,8 milhões com surdez média e 200 000 com surdez profunda.

Actualmente, 80 % dos pacientes com problemas de surdez têm entre 70 e 100 anos (idade média de 85 anos). Esta diminuição da acuidade auditiva deve-se essencialmente ao fenómeno do envelhecimento.

No entanto, mais de 10 % das pessoas com menos de 18 anos sofrem de uma perda da audição mais ou menos grave causada em parte pelos ruídos de todo o tipo que são uma das pragas da nossa sociedade e cujo efeito nocivo se continua a agravar.

Trata-se, portanto, de um importante fenómeno de saúde pública.

Medição da acuidade auditiva

O audiograma

Trata-se de um gráfico simples em coordenadas rectangulares sobre o qual se registam nas abcissas as frequências e nas ordenadas os níveis sonoros. O sujeito, equipado com um capacete, ouve frequências diferentes cujo nível se faz variar. Quando ouve um som, prime um botão, o que permite determinar, ouvido por ouvido, o limiar de audibilidade para cada frequência.

A perda de audição é avaliada comparando estes valores com as normas.

O audioscan

Muito mais exacto, este aparelho permite detectar muito cedo algumas deficiências da função auditiva.

Doenças que se pode PREVENIR

Nível sonoro e duração de exposição

Um ambiente sonoro igual ou superior a 85 decibéis é perigoso para o sistema auditivo, mas a sensação de dor só aparece a partir dos 120 decibéis. Por conseguinte, há uma vasta zona de exposição ao risco na qual o organismo não é alertado.

O segundo parâmetro a ter em conta é a duração de exposição ao barulho. A este respeito, as pessoas não são iguais face ao risco, porque intervêm factores genéticos de fragilidade ou de resistência pessoal.

Por último, as diferentes frequências não têm a mesma agressividade. Deste modo, os agudos são mais perigosos do que os graves.

Estes três parâmetros eminentemente variáveis no tempo e no espaço tornam difíceis as avaliações acerca da nocividade dos ruídos.

Situações de risco

A exposição profissional, embora regulamentada, é ainda um grande factor de risco: indústria gráfica, serrações, caldeirarias...

A prática do tiro ou da caça sem protecção de ouvidos provoca também numerosas surdezes.

O ambiente musical das discotecas e de outros bares nocturnos onde muitos jovens costumam passar parte dos seus fins-de-semana ouvindo música a níveis sonoros que ultrapassam largamente 85 decibéis (em média 100 a 110) e o uso de *walkmans* cujo nível sonoro os jovens não controlam fazem parte das causas essenciais do aumento da surdez na faixa etária dos 20 aos 30 anos.

A poluição sonora urbana, principalmente com os barulhos dos camiões e dos martelos pneumáticos, soma-se a todos estes factores.

Prevenção

O ouvido é um órgão de grande precisão, relativamente frágil. Os traumatismos sonoros são afecções definitivas que os médicos não conseguem tratar. A única possibilidade para evitar «fabricar» gerações de surdos reside na prevenção.

Os riscos auditivos ligados à audição de uma música amplificada nas condições acima descritas são evidentemente evitáveis, mas isso passa por um esforço de educação que deve começar muito cedo.

Mais vale prevenir do que CURAR

A prevenção nos locais de trabalho passa pela aplicação mais rigorosa da lei ou pela instituição de novas regulamentações.

Em todos os casos, o recurso a um especialista otorrinolaringologista para avaliar o nível de acuidade auditiva é uma medida indispensável, mesmo para as jovens crianças que, hoje, parecem estar muito mais expostas.

Prevenir a fadiga e o envelhecimento

A fadiga

A fadiga é um conjunto de sensações desagradáveis que se manifestam no plano físico através de tensões, dores, contracturas, membros pesados, bocejos, e, no plano psíquico, perda de dinamismo, desinteresse pelo trabalho e pelo meio circundante, vontade de dormir ou de não fazer nada e uma redução da acuidade intelectual.

Todos estes sintomas se agravam no caso de a fadiga perdurar e se tornar crónica, e síndromes de insónia e de depressão podem então vir a juntar-se aos sintomas anteriores.

Fadiga normal

O organismo humano está constituído de tal modo que a sua actividade não pode durar continuamente, sem interrupção, durante dias. Após algumas horas de uma ocupação qualquer – profissional, desportiva, criativa, de entretenimento ou amorosa –, é normal que se tenha uma certa sensação de fadiga e, pelo contrário, a ausência desta sensação denota um estado muito particular que pode ser muito mais preocupante (cf. abaixo). O homem só pode manter-se concentrado e eficaz numa determinada actividade durante um período inferior a um dia.

Por conseguinte, nestas situações, a fadiga é apenas um sintoma de alerta para avisar que o corpo e o espírito devem repousar para fins de recuperação.

O descanso, a prática de outra actividade menos pesada e o sono permitem aceder a um novo estado de equilíbrio harmonioso com o qual se poderá abordar outra fase de actividade intensa.

Mais vale prevenir do que CURAR

O ser humano parece geneticamente programado para realizar ciclos de actividade e de repouso que acompanham os ritmos diurno e nocturno. A transgressão destes ritmos é possível devido ao forte domínio da actividade cerebral no homem, mas a acumulação da fadiga que daí resulta não deixa de ter consequências sobre o seu estado de saúde.

A fadiga «desaparecida»

Todos conhecemos bem aqueles momentos privilegiados de exaltação em que somos capazes de nos transcender para realizar um projecto que nos interessa particularmente. Dizemos então que não sentimos fadiga. Tudo se passa como se a excitação induzida pela situação excepcional tivesse feito desaparecer todo o cansaço.

Evidentemente que não é isso que acontece. A única coisa que sucedeu é que o sistema de alarme foi desligado por um mecanismo psíquico ligado à excitação e ao desfrutar do momento. Mas, na maioria dos casos, o fim da acção é seguido de uma fase de recuperação tanto mais longo quanto mais intensa tiver sido a actividade e mais energia tiver sido despendida.

Fadiga e estimulantes

Para recriar artificialmente os momentos privilegiados em que se sente protegido da fadiga, o homem criou drogas químicas dopantes que suprimem os alarmes. Os desportistas de alto nível usam e abusam destas drogas, assim como grande número de quadros jovens e dinâmicos que querem «triunfar»! A recordação do ciclista Tom Simpson, morto por esgotamento ao chegar à meta da corrida no cume do monte Ventoux, há cerca de vinte anos, deveria, porém, servir de exemplo.

Não há nada mais perigoso do que querer enganar a vigilância do corpo. Para além de certas situações patológicas, ninguém melhor do que ele conhece as suas necessidades e limites.

Fadiga e doença

A fadiga também pode ser um simples sintoma de princípio de doença ou de uma afecção crónica silenciosamente instalada, que começa a revelar-se. Para o médico, qualquer fadiga é suspeita e ele deve, num clima de confiança e de sinceridade perfeitas, explorar com o paciente todas as causas possíveis e pedir eventualmente exames laboratoriais ou radiológicos.

O caso da diabetes ilustra bem as fadigas sem causas aparentes que desvendam o seu segredo após os resultados da glicemia (cf. p. 119).

Segundo diferentes estudos, pode avaliar-se em 25 % dos casos as fadigas causadas por doença, um acidente ou uma perturbação mental.

Fadiga causada pelos casos da vida

Em 75 % dos casos, a fadiga provém de acontecimentos habituais da vida: preocupações familiares acumuladas, dificuldades profissionais, morte ou acidente de um próximo. A fadiga pode então ser um refúgio, um comportamento para evitar enfrentar a realidade. Frequentemente, está associada a um *stress*, a um início de depressão e a insónias.

Fadiga e envelhecimento

O envelhecimento cansa. Esta queixa é uma constante nos pacientes com mais de 60 anos. No entanto, os seres humanos não são iguais neste plano. A energia disponível é muito variável de pessoa para pessoa, numa determinada idade, e deve acrescentar-se que o estado mental e a higiene de vida muito contribuem para isso.

Um mal generalizado

Sete milhões de franceses (12 % da população deste país) queixam-se de fadiga. Entre estes, 150 000 pessoas declaram uma fadiga crónica, desproporcional ao esforço, que persiste mais de seis meses e que não melhora com o repouso.

Em 25 % dos casos, esta fadiga é causada por uma doença real, física ou psíquica, ou por um acidente. A prevenção destes casos passa evidentemente pela prevenção da doença em causa.

Em três quartos dos casos, trata-se da fadiga banal acima descrita.

Prevenção da fadiga

A higiene de vida
Banir os estimulantes
Para prevenir os acessos de fadiga, a primeira medida consiste certamente em banir todas as drogas e medicamentos químicos que se julga interferirem com elas. Tanto mais que estas drogas geram sempre radicais livres que, eles próprios, são produtores de fadiga.

Não vale a pena voltar a falar do tabaco (cf. p. 40) e do álcool (cf. p. 59) que perturbam profundamente o corpo e o espírito. Abandonar estes vícios é portanto imperativo.

O exercício físico
É necessário para repor o corpo em boas condições (cf. p. 18). A marcha tranquila é certamente uma das formas mais seguras de relaxar e de preparar um bom sono que fará desaparecer a fadiga.

Modificação do ritmo de vida
Deve estudar-se se há alguma actividade particular na origem da fadiga e, em caso afirmativo, tudo fazer para alterá-la ou adaptá-la. Também é muito útil mudar os hábitos, introduzir um pouco de improviso num quotidiano por vezes demasiado rotineiro.

A alimentação
As pessoas fatigadas têm geralmente falta de apetite. A prevenção passa por uma alimentação simples conforme as regras já enunciadas (p. 19).

A hidroterapia
Há já dois mil anos que os Romanos sabiam que os recreios aquáticos eram excelentes formas de relaxamento para o corpo e para o espírito. Desde o final do primeiro século antes de Cristo, difundiram as termas em toda a Itália. Depois de trabalharem de manhã, passavam a tarde recreando-se em águas de diferentes temperaturas, em massagens, jogos, desportos, leituras e discussões entre amigos.

Não há termas modernas que reúnam num mesmo espaço tantas possibilidades de se relaxar e de prevenir a fadiga. Talvez se devesse pensar em reinventá-las.

No entanto, qualquer pessoa pode «divertir-se com água» na casa de banho para reduzir a fadiga muscular e nervosa e, ao mesmo tempo, não negligenciar a sua higiene corporal, o que é frequente quando a fadiga se acompanha de depressão.

A psicoterapia

Pode ser uma grande ajuda para compreender uma situação familiar ou profissional difícil. Deve pensar-se na psicoterapia quando as crises de fadiga se repetem, se tornam mais frequentes e quando se instala um início de depressão.

A homeopatia

Excelente medicina de prevenção, é muito útil para atenuar a fadiga e tornar o organismo mais resistente para contrariar a próxima ocorrência, mas exige a intervenção de um médico competente que possa prescrever os remédios de terreno adequados a cada pessoa.

Enquanto espera pela consulta de um bom homeopata, é possível tomar em automedicação:
— Em todos os casos: Manganum 15 CH e Calcarea Phosphorica 9 CH, 1 grânulo de manhã e à noite durante um a dois meses.
— Em caso de emoção, seguida a um acontecimento: Gelsemium 7 CH e Staphysagria 15 CH, 1 grânulo de manhã e à noite, a juntar aos remédios anteriores, durante um a dois meses.

A nutriterapia

Visa essencialmente o controlo dos radicais livres que são gerados pelas numerosas perturbações dos metabolismos celulares. Portanto, é recomendado utilizar os micronutrientes disponíveis para reforçar as defesas anti-radiculares das células. Todos estes produtos devem ser tomados associados em dois ou três, em alternância, durante várias semanas segundo o protocolo proposto na p. 82.

A acupunctura

Pode ser particularmente eficaz na prevenção da fadiga. Uma ou duas sessões por mês para restabelecer a energia dão geralmente resultados espectaculares se o médico for competente.

O envelhecimento

Há várias teorias sobre o envelhecimento, mas que não se excluem umas às outras. Os modelos e as explicações propostos pela biologia molecular contribuem para esclarecer a questão sem a esgotar. Seja como for, é muito provável que o envelhecimento esteja geneticamente programado.

Por conseguinte, a questão não é parar de envelhecer, mas envelhecer «de maneira diferente», ou seja, conservando um bom potencial de desfruto da vida. É para este objectivo que deve tender qualquer esforço de prevenção.

No plano biológico, desde há vinte anos que numerosos estudos destacaram o papel dos radicais livres nos mecanismos de envelhecimento. Por isso, importa defini-los e explicar as suas funções na célula.

Os radicais livres

Um radical livre é um corpo químico, molécula, fracção de molécula ou átomo, neutro ou carregado electricamente, que possui um electrão «celibatário» num dos seus átomos.

Em geral, os electrões, de que se pode distinguir duas categorias (spin+ e spin-), estão emparelhados, associados «em par». Quando um electrão se encontra «celibatário», está numa situação instável que lhe confere uma extraordinária reactividade para ir em busca de um electrão complementar.

Todos os radicais livres são, portanto, instáveis e muito reactivos, o que lhes confere propriedades excepcionais para assegurar, em períodos muito curtos de tempo, da ordem do milionésimo de segundo, reacções bioquímicas muito complexas no interior da célula. Participam assim em todas as reacções de oxidação-redução no mitocôndrio, pequeno organito que assegura a respiração celular e a produção de energia utilizando o oxigénio transportado pelo sangue. São também usados para eliminar produtos estranhos ao organismo, especialmente todos os medicamentos químicos; agem então como desintoxicantes.

Portanto, os radicais livres são indispensáveis à vida, em cada micro-segundo! Os dois mais simples, que são ao mesmo tempo os mais reactivos, são: o oxigénio singuleto O° e o radical hidróxilo OH°.

O risco dos radicais livres

Percebe-se que organismos químicos tão reactivos possam apresentar um perigo potencial para a sua vizinhança se saírem do seu campo de acção. Pode comparar-se o risco ao de uma instalação

Prevenir a fadiga e o ENVELHECIMENTO

fabril que fabrica produtos químicos muito perigosos e voláteis no interior de uma grande cidade.

Este perigo é bastante real e as células previram sistemas de controlo (cf. abaixo) muito potentes para neutralizar os radicais livres vagabundos. Apesar disso, alguns deles logram passar nas malhas das redes de protecção e vão agredir as tranquilas moléculas dos órgãos da célula.

O controlo dos radicais livres

Sistemas enzimáticos muito organizados e parcialmente identificados têm por missão canalizar os radicais livres para os manter estritamente nas funções que lhes estão confiadas. Podemos compará-los às numerosas protecções que cercam a matéria físsil nas pilhas atómicas das centrais termoeléctricas nucleares.

Conhece-se assim a glutationa peroxidase, várias catalases, várias peroxidases e pelo menos dois superóxidos dismutasas. Estas enzimas têm a particularidade de só poderem funcionar em presença de co-enzimas (cf. p. 25) que são micronutrientes, oligo-elementos e vitaminas. Deste modo, o selénio é necessário à glutationa peroxidase, o ferro às catalases, o manganésio e o cobre aos superóxidos dismutasas, e todos estes agentes trabalham em colaboração com as vitaminas A, C e E.

Fontes externas de radicais livres

Além dos radicais livres produzidos pela célula para as necessidades da respiração celular e da sua desintoxicação, deve levar-se em conta os radicais livres transmitidos ou produzidos pelo meio ambiente e, especialmente, pela poluição. Encontramos no banco dos réus: as radiações ionizantes, a luz ultravioleta, o fumo da combustão (principalmente dos cigarros) de materiais de construção, certas poeiras (amianto, silício), os gases de escape dos automóveis, os fumos das fábricas, os medicamentos químicos ingeridos, os pesticidas utilizados nos campos...

Stress oxidativo e alvos dos radicais livres

A acumulação dos radicais livres causada por um excesso de produção para responder aos estímulos externos resulta geralmente numa reacção dos sistemas de controlo que, além disso, podem apresentar deficiências.

Tudo se passa então como numa manifestação de rua em que o assalto das forças da ordem policiais provoca uma debandada momentaneamente incontrolável de uma horda de indivíduos com motivações destrutivas.

Os radicais livres precipitam-se em busca de electrões complementares que vão rapidamente encontrar em todos os níveis da célula.

Esta situação é designada por «*stress* oxidativo». Com efeito, a célula é submetida a uma verdadeira agressão por excesso de oxidação sobre as moléculas mais indispensáveis ao seu funcionamento. São particularmente visados os ácidos gordos insaturados que constituem todas as membranas celulares, onde se realizam trocas selectivas e transmissões de mensagens, os ácidos nucleicos e principalmente o ADN do núcleo que constitui o património genético, e as proteínas enzimáticas que asseguram a totalidade do metabolismo.

Deste modo, a desnaturação das membranas, o ataque ao património de comando e a alteração do maquinismo de produção atingem a célula nos seus centros vitais ao ponto de esta poder morrer apesar das suas grandes capacidades de auto-reparação.

Note-se que as células imunitárias são os alvos privilegiados desta agressão.

Radicais livres e doenças

O início dos estudos científicos acerca da responsabilidade dos radicais livres nas doenças remonta aos anos 80. No entanto, a lista de patologias em que participam os radicais livres já é longa: cancros, diabetes, aterosclerose e doenças cardiovasculares, asma, artrite reumática, varizes, enfisema, fibrose pulmonar, cirrose hepática, colites, doença de Parkinson, doença de Alzheimer, doença de Crohn, esclerose lateral amiotrófica.

Por conseguinte, o controlo dos radicais livres é fundamental nos mecanismos do envelhecimento.

Radicais livres e envelhecimento

O registo de um aumento progressivo da taxa de radicais livres no sangue e nos tecidos, com a idade, apontou-os como responsáveis, pelo menos parcialmente, pelos mecanismos de envelhecimento.

Devido às carências em micronutrientes que este aumento provoca, a relativa desnutrição de muitas pessoas idosas amplia ainda mais o risco radicular.

A participação activa dos radicais livres em todas as grandes doenças degenerativas, cuja frequência aumenta com a idade , é um argumento suplementar.

O controlo dos radicais livres é, portanto, um elemento importante da prevenção do envelhecimento.

Prevenção do envelhecimento

Controlar as fontes de radicais livres
Agir sobre as fontes externas
Deve evitar-se todos os tipos de poluição, que são importantes fontes de radicais livres. A primeira e a mais insidiosa é, sem dúvida, o tabagismo passivo (cf. p. 51). Mas as cidades e as regiões industriais também contêm concentrações impressionantes de partículas e gases tóxicos. Os pilotos não dizem que para chegar aos aeroportos de Paris basta dirigir o avião para a espessa nuvem negra junto ao solo?

Infelizmente, nem todos podemos agir sobre estas fontes. É do foro dos responsáveis políticos e económicos.

Mas os reformados podem optar por viver numa região poupada, pelo menos parcialmente, a esta praga da vida moderna.

As medicações de longa duração
Nos países mais desenvolvidos, as pessoas são inundadas por uma quantidade inaceitável de prescrições medicamentosas. Tomam demasiados tranquilizantes, demasiados hipnóticos, antibióticos, anti-inflamatórios e anti-hipertensores. Muitos destes tratamentos não se justificam. Por conseguinte, é necessário saber negociar com o médico e, por vezes, dizer firmemente não após as explicações, porque todos estes remédios aumentam a concentração dos radicais livres intra-celulares.

A nutriterapia
Os micronutrientes tomados como complementos alimentares são aqui importantes.

Permitem contribuir para o controlo dos radicais livres que agridem as defesas imunitárias e que são um dos principais factores de envelhecimento. Portanto, recomenda-se o consumo dos micronutrientes disponíveis para reforçar as defesas anti-radiculares das células. Todos estes produtos devem ser tomados associados em dois ou três, alternadamente, durante várias semanas segundo o protocolo proposto na página 82.

Vigilância alimentar
Com a idade, há uma tendência frequente para o desinteresse pela alimentação, ao passo que o organismo se tornou mais sensível às variações neste domínio.

A alimentação deve continuar a ser a mais variada possível, especialmente em relação aos legumes verdes e frutos (cf. pp. 35 e 36). As quantidades calóricas devem ser reduzidas devido à diminuição da actividade, o que evitará um ganho de peso progressivo, fonte de patologias.

O exercício físico
Novamente, insistimos na importância fundamental do exercício físico (cf. pp. 18 e 126) como principal meio de prevenção do envelhecimento.

Todas as formas de actividade são boas: marcha, jardinagem, *bricolage*, desportos não competitivos, viagens activas, etc.

A actividade cerebral
Manter o cérebro muito activo é seguramente um bom meio de prevenir os danos causados pelo envelhecimento. Para isso, devem ser utilizados todos os processos para se conservar centros de interesse cultural muito ecléticos.

As viagens alimentam a curiosidade e permitem que a capacidade de admiração se conserve vigorosa. A aprendizagem de uma língua estrangeira para poder comunicar com os habitantes dos países visitados faz trabalhar a memória que tem tendência para degenerar.

A beneficência permite conservar uma boa inserção social e sentir-se útil numa sociedade geralmente muito pouco solidária.

A integração em grupos de pensamento filosóficos, religiosos, ou em partidos políticos, obriga a um trabalho do espírito muito benéfico.

A criação artística – pintura, escrita, escultura, teatro –, por vezes recalcada durante a vida profissional, pode agora encontrar o seu pleno desenvolvimento.

O cérebro é demasiado pouco utilizado pelo homem e a aposentação deve ser ocasião para explorar as suas grandes capacidades.

A *fitoterapia*
Todas as plantas utilizadas para equilibrar os metabolismos e prevenir as doenças que descrevemos são interessantes quando utilizadas com conhecimento de causa.

A *homeopatia*
Excelente medicina de prevenção, tem um lugar de eleição no envelhecimento, mas exige a intervenção de um médico competente que possa prescrever os remédios de terreno adequados a cada pessoa.

Conclusão

Chegado ao fim deste livro, no qual tentei traçar um panorama das possibilidades da prevenção neste início do terceiro milénio, apercebo-me de que escrevi uma espécie de introdução ao gigantesco trabalho que nos espera nos anos vindouros. Não tenho a ingenuidade de pensar que, à semelhança do «melhor dos mundos», chegará o tempo em que o homem poderá viver a sua vida em linha recta, sempre jovem e belo, sem doenças, para se extinguir subitamente, brutalmente, chegado ao seu fim. Em contrapartida, estou convicto de que é possível, a pouco e pouco, eliminar ou pelo menos controlar a maioria das grandes doenças, diminuindo assim consideravelmente o seu custo social, e permitir que cada pessoa desfrute o melhor possível de todas as suas capacidades.

As gerações futuras terão muito trabalho pela frente e deverão utilizar todos os recursos da sua inteligência e da sua imaginação para transformar a medicina numa prática preventiva. Sabemos bem que não há outro caminho. Cada ser humano deve procurar incansavelmente a sua própria harmonia, guiado e auxiliado pelas descobertas das ciências biológicas e médicas.

Por agora, é necessário procurar pôr em prática as grandes regras já conhecidas e que se podem resumir assim de forma bastante simples:

— esforçar-se por seguir as regras alimentares preconizadas;
— atribuir mais importância ao exercício físico;
— lutar contra o tabagismo
— lutar contra o alcoolismo.

... e procurar obstinadamente ter prazer na vida.

Mais vale prevenir do que CURAR

A aplicação destes cinco pontos numa grande escala da população provocaria uma diminuição impressionante das grandes doenças descritas nesta obra.

Esperemos que tenhamos a sabedoria de seguir este caminho da prevenção.

Índice

A PREVENÇÃO PARA UM ENVELHECIMENTO SAUDÁVEL

A esperança de vida	9
As doenças de civilização	11
A grande esquecida	11
Os níveis de prevenção	12
O papel determinante da alimentação	13

OS MEIOS DE PREVENÇÃO

Conhecer o próprio corpo	17
Aprender	17
Utilizar o corpo	18
Conhecer a alimentação	19
A água	20
Os nutrientes	20
Os micronutrientes	23
Os minerais e os oligo-elementos	23
As vitaminas	26
Os fitomicronutrientes	28
Os polifenóis	28
Os carotinóides	29
Os glucosinolatos	29
Os compostos enxofrados	29
Os fitoesteróis	30
As fibras	30
Probióticos e prebióticos	31
Calorias, variedade, complexidade e segurança	32

Mais vale prevenir do que CURAR

Compor as próprias ementas	35
O regime mediterrânico	37
Azeitona e azeite	37
À volta do azeite	38
O verdadeiro regime cretense	38
An apple a day	39
Considerar o tabaco como um perigo grave	40
Uma dependência mortal	41
O papel do fumo	42
Produtos altamente tóxicos	43
Efeitos sobre o organismo	45
Sobre o sistema nervoso	45
Sobre o aparelho respiratório (excluindo o cancro)	45
Sobre o sistema cardiovascular	46
Os cancros	47
As outras doenças	47
A úlcera gastroduodenal	47
As gengivites	48
Problemas da pele	48
Problemas dos olhos	48
As alergias	48
Problemas particulares à mulher fumadora	48
Problemas cardiovasculares	49
As motivações do fumador	49
Habituação, tolerância e dependência	50
O tabagismo passivo	51
Os números	52
Prevenção do tabagismo	53
Renúncia do tabagismo	56
Os meios farmacológicos	57
Renúncia do tabaco e ganho de peso	58
Teremos de ser cínicos?	58
Um olhar diferente sobre o álcool	59
As bebidas alcoólicas	60
Grau alcoólico de uma bebida	60
Outros tóxicos	61
O álcool no organismo	61
Velocidade de oxidação do álcool e alcoolemia	61

Os efeitos tóxicos do álcool 62
    O sistema nervoso 63
    O sistema digestivo 63
    O estado geral 64
    O álcool favorece o aparecimento de cancros 64
As aparências enganosas 64
Alcoolização e alcoolismo 65
Um teste biológico: os γGT 66
Prevenção do alcoolismo 66
O polícia, guardião da saúde 69
Deixar o álcool 73
    Tomada de consciência 73
    O acompanhamento psicológico 73

Os exames médicos de despistagem 74

A acção terapêutica 75
    Fitoterapia 76
    Homeopatia 77
    Homeopatia e prevenção 78
    Acupunctura 79
    Nutriterapia 80
    Nutriterapia e prevenção 81
    Tratamento de fundo para uma vida harmoniosa e uma velhice bem conservada 82
    Dosagens 83

DOENÇAS QUE SE PODE PREVENIR

As alergias 85
    A rinite alérgica 86
    O papel da poluição 86
    As alergias aos ácaros 86
    As alergias alimentares 87
    Hereditariedade 88
    A prevenção das alergias 88
        As alergias respiratórias 88
        Luta contra os ácaros 88
        As alergias alimentares 91
    Medidas preventivas globais 91
        A nutriterapia 91

Mais vale prevenir do que CURAR

> A acupunctura 92
> A homeopatia 92

A artrose 92
> A prevenção da artrose 93
>> A fitoterapia 94
>> A nutriterapia 95
>> A prevenção dos agravamentos 95

Os cancros 95
> Os sinais de alarme 96
> Prevenção dos cancros 96
> O cancro, caso a caso 97
>> Os cancros ginecológicos 98
>>> Cancro da mama 98
>>> Cancro do útero 99
>>> Cancro do colo uterino 99
>>> Cancro do corpo uterino 100
>>> Cancro do ovário 101
>> Os cancros urológicos 101
>>> Cancro da próstata 101
>>> Cancro da bexiga 102
>>> Cancro dos rins 103
>>> Cancro dos testículos 104
>> Os cancros das vias respiratórias 104
>>> Cancro do pulmão 104
>>> Cancro da boca, da faringe e da laringe 105
>> Os cancros das vias digestivas 106
>>> Cancro do esófago 106
>>> Cancro do estômago 106
>>> Cancro do cólon e do recto 107
>>> Cancro do fígado 108
>>> Cancro do pâncreas 109
>> Os cancros da pele 110
>> O cancro da tiróide 111

As doenças cardiovasculares 111
> Ateroma e hipertensão 111
> Artérias do coração 112
> Artérias do cérebro 113
> Artérias dos rins 113

Artérias das pernas 113
Prevenção das doenças cardiovasculares 113
    A aspirina 117
    Estar atento aos sinais de alarme 117
    A fitoterapia 118
    A homeopatia 118
    Nutriterapia 118

A diabetes 119
    Definição 119
    Dois grandes tipos de diabetes açucarada 119
        A diabetes não insulinodependente (DNID) 119
        A diabetes insulinodependente (DID) 119
    As situações clínicas 120
        A diabetes patente não sintomática 120
        A diabetes patente sintomática 120
    Antes da diabetes 120
        Intolerância à glicose 120
        D.A.G. e síndrome X 121
    Diabetes, uma doença complexa 121
    Diabetes e índice glicémico 122
        Alimentos de elevado índice glicémico 123
        Alimentos de médio índice glicémico 123
        Alimentos de baixo índice glicémico 123
    As complicações da diabetes 123
    Hereditariedade e diabetes 124
    Os números 124
    Prevenção da diabetes 124
    Higiene de vida 125
    A alimentação de prevenção da diabetes 125
    O exercício físico 126
    A fitoterapia 127
    A homeopatia 127
    A nutriterapia 128
    A acupunctura 129

Dores de costas 129
    O mal do século 129
    Prevenção da dor de costas 129
        As regras básicas 129

Mais vale prevenir do que CURAR

      Os comportamentos práticos 130
      Evitar carregar pesos 130
      Pense na posição 131
      Ao volante 131
  O sono 132
  Escolher o desporto 132
  Higiene de vida 132
  O método de Françoise Mézières 132
  A homeopatia 134
  A acupunctura 134
  A fitoterapia 134

O glaucoma 135
  Prevenção 136
  Soluções alternativas complementares 136

As doenças infecciosas 137
  Os micróbios 137
  As defesas rompidas 138
  Os antibióticos 139
  Prevenção das doenças infecciosas 140
  A higiene de vida 140
      Higiene das mãos 140
      Resistência ao frio 141
      Exercício físico 142
      Rejeição das drogas 142
  A alimentação 142
  O papel particular do intestino 142
  As vacinas 143
  Vacinas obrigatórias 145
  Vacinação e homeopatia 146
  Prevenção de outras doenças 146
  Prevenção das infecções nosocomiais 147
      A fitoterapia 147
      A homeopatia 147
      A nutriterapia 148

A obesidade 148
  Seres humanos cada vez mais gordos 148
  Prevenção da obesidade 150

Comer menos e melhor	150
Truques para comer menos	152
A cronodietética	153
O jejum	154
Prevenção na criança	154
A fitoterapia	157
A homeopatia	158
A nutriterapia	159
A acupunctura	159

Osteoporose 159
  Ossos fragilizados 159
  Osteoporose e menopausa 160
  Prevenção da osteoporose 161
    Alimentação, cálcio e vitamina D 162
    Aumentar as porções de frutos e legumes .. 163
    A actividade física 163
    O tabagismo 164
    Álcool e café 164
    A fitoterapia 164
    A nutriterapia 164
    A homeopatia 165
  Prevenção das fracturas 165

A surdez 166
  Medição da acuidade auditiva 166
    O audiograma 166
    O audioscan 166
  Nível sonoro e duração de exposição 167
  Situações de risco 167
  Prevenção 167

PREVENIR A FADIGA E O ENVELHECIMENTO

A fadiga 169
  Fadiga normal 169
  A fadiga «desaparecida» 170
  Fadiga e estimulantes 170
  Fadiga e doença 170
  Fadiga causada pelos casos da vida 171
  Fadiga e envelhecimento 171

Um mal generalizado 171
Prevenção da fadiga 172
    A higiene de vida 172
    A hidroterapia 172
    A psicoterapia 173
    A homeopatia 173
    A nutriterapia 173
    A acupunctura 173

O envelhecimento 173
    Os radicais livres 174
    O risco dos radicais livres 174
    O controlo dos radicais livres 175
    Fontes externas de radicais livres 175
    Stress oxidativo e alvos dos radicais livres 175
    Radicais livres e doenças 176
    Radicais livres e envelhecimento 177
    Prevenção do envelhecimento 177
        Controlar as fontes dos radicais livres 177
        A nutriterapia 177
        Vigilância alimentar 178
        O exercício físico 178
        A actividade cerebral 178
        A fitoterapia 179
        A homeopatia 179

Conclusão 181

Paginação, impressão e acabamento
da
CASAGRAF - Artes Gráficas Unipessoal, Lda.
para
EDIÇÕES 70, LDA.
Fevereiro de 2004